L'INITIATION

*Comment acquérir
des connaissances des
mondes supérieurs*

Rudolf STEINER

Un livre qui intéressera tout chercheur de vérité, loin d'une spiritualité qui prône une voie simple, rapide et sans effort. A travers "L'Initiation" Rudolf Steiner ouvre une porte sur un chemin où la pratique et les valeurs morales tiennent une place prépondérante. Humilité, patience, calme et esprit de service à l'humanité, des qualités à développer par l'aspirant nous font comprendre que l'éveil est un chemin long et périlleux sauf si l'on sait se mettre sous la guidance de ceux qui l'ont accompli.

"Les chemins que doit parcourir l'homme pour acquérir la maturité nécessaire à ces révélations sont décrits avec précision, ils sont éternellement tracés en lettres de feu dans les temples où les initiés conservent précieusement ces augustes mystères. Dans les temps qui ont précédé notre histoire, ces temples étaient visibles aux yeux des hommes. Aujourd'hui que notre vie s'est éloignée de toute spiritualité, la plupart d'entre eux sont invisibles aux yeux. Pourtant ils existent partout, et quiconque les cherche peut les trouver." Rudolf Steiner

I. LE MONDE SUPRAPHYSIQUE ET SA GNOSIS

Dans cette ère pratique et en raison des multiples affirmations du jour, il est naturel que les gens, entendant parler de transcendantalisme, posent immédiatement la question : "Comment pouvons-nous connaître par nous-mêmes la vérité de telles déclarations ?" En effet, il est remarquable, en tant que caractéristique de la majorité, qu'ils n'acceptent rien par foi, ou simple "autorité", mais préfèrent plutôt se fier entièrement à leur propre jugement. Par conséquent, lorsque qu'un mystique entreprend d'expliquer quelque chose de la nature supraphysique de l'homme, et du destin de l'âme et de l'esprit humains avant la naissance et après la mort, il est immédiatement confronté à cette demande fondamentale. Ils semblent penser que cette doctrine n'est importante que lorsque vous leur avez montré le chemin par lequel ils peuvent se convaincre de sa vérité.

Cette enquête critique est tout à fait justifiée ; et aucun vrai mystique ou occultiste ne contestera son équité, mais il est malheureux que, pour beaucoup de ceux qui font la demande, il existe un sentiment de scepticisme ou d'antagonisme envers le mystique ou toute tentative de sa part pour expliquer quelque chose d'occulte. Ce sentiment devient particulièrement marqué lorsque le mystique laisse entendre comment les vérités qu'il a décrites peuvent être atteintes. Car ils disent, "Tout ce qui est vrai peut être démontré ; donc, prouvez-nous ce que vous affirmez." Ils exigent que la vérité soit quelque chose de clair et de simple, quelque chose qu'un intellect ordinaire puisse comprendre. "Certainement", ajoutent-ils, "cette connaissance ne peut pas être la possession de quelques élus, à qui elle est donnée par une révélation spéciale." Et de cette manière, le véritable messager de la vérité transcendante est fréquemment confronté à des gens qui le rejettent, car, contrairement au scientifique, par exemple, il ne peut produire aucune preuve de ses assertions, de nature telle qu'ils sont capables de comprendre. Encore une fois, il y a ceux qui rejettent prudemment toute information concernant le supraphysique parce qu'à leurs yeux cela ne semble pas raisonnable. Là-dessus, ils se satisfont partiellement, en affirmant que nous ne pouvons rien savoir de ce qui se trouve au-delà de la naissance ou de la mort, ou de toute chose qui ne peut être perçue par nos cinq sens physiques ordinaires. Ce ne sont là que quelques-uns des arguments et des critiques auxquels le messager d'une philosophie spirituelle est confronté aujourd'hui ; mais ils sont similaires à tous ceux qui composent la note dominante de notre époque, et celui qui se met au service d'un mouvement spirituel doit reconnaître cette condition très clairement.

Pour sa part, le mystique est conscient que sa connaissance repose sur des faits supraphysiques ; qui pour lui sont tout aussi tangibles, par exemple, que ceux qui constituent le fondement des expériences et des observations décrites par un voyageur en Afrique ou dans tout autre pays étrange. Pour le mystique s'applique ce qu'Annie Besant a dit dans son manuel, "La Mort et Après ?" "Un explorateur africain expérimenté se soucierait peu des critiques émises sur son rapport par des personnes qui n'y sont jamais allées ; il pourrait raconter ce qu'il a vu, décrire les animaux dont il a étudié les habitudes, esquisser le pays qu'il a traversé, résumer ses produits et ses caractéristiques. S'il était contredit, raillé, corrigé, par des critiques non voyageurs, il ne serait ni contrarié ni bouleversé, mais les laisserait simplement tranquilles. L'ignorance ne peut pas convaincre la connaissance en répétant sans cesse sa propre ignorance. L'opinion de cent personnes sur un sujet dont elles sont totalement ignorantes n'a pas plus de poids que l'opinion d'une seule telle personne. La preuve est renforcée par de nombreux témoins consentants, chacun attestant de sa connaissance d'un fait, mais rien multiplié mille fois ne reste rien."

Cela exprime la vision du mystique de sa propre situation. Il entend les objections qui sont soulevées de tous côtés, mais il sait que pour lui-même, il n'a pas besoin de les contester. Il réalise que sa connaissance certaine est critiquée par ceux qui n'ont pas eu son expérience, qu'il est dans la position d'un mathématicien qui a découvert une vérité qui ne peut perdre de valeur même si mille voix s'élèvent contre elle.

Alors surgira l'objection des sceptiques : "Les vérités mathématiques peuvent être prouvées à n'importe qui", diront-ils, "et bien que peut-être vous ayez vraiment trouvé quelque chose, nous l'accepterons seulement lorsque nous aurons appris de sa vérité par notre propre enquête." Ceux-ci ont donc raison de se considérer dans le vrai, car il leur est clair que quiconque acquiert les connaissances nécessaires peut prouver une vérité mathématique, alors que les expériences professées par le mystique, si elles sont vraies, dépendent des facultés spéciales de quelques mystiques élus, en qui ils supposent qu'ils sont censés croire aveuglément.

Pour celui qui considère à juste titre cette objection, toute justification pour le doute disparaît immédiatement ; et les mystiques peuvent ici utiliser le raisonnement très logique des sceptiques eux-mêmes, en soulignant la vérité que le chemin vers une connaissance supérieure est ouvert à quiconque acquerra lui-même les facultés par lesquelles il pourra prouver les vérités spirituelles ici affirmées. Le mystique n'affirme rien que ses opposants ne seraient pas également obligés d'affirmer, s'ils comprenaient pleinement leurs propres déclarations. Ils, cependant, en faisant une assertion, formulent souvent une revendication qui constitue une contradiction directe de cette assertion.

Les sceptiques sont rarement disposés à acquérir les facultés nécessaires pour tester les assertions du mystique, mais préfèrent le juger de manière expéditive, sans tenir compte de leur propre manque de qualification. Le mystique sincère leur dit : "Je ne prétends pas être 'choisi' dans le sens que vous entendez. J'ai simplement développé en moi-même quelques-uns des sens supplémentaires de l'homme afin d'acquérir les facultés grâce auxquelles il est possible de parler de aperçus dans des régions supraphysiques." Ces sens sont dormants en vous et en toute autre personne, jusqu'à ce qu'ils soient développés, (comme c'est nécessaire avec les sens et facultés habituels plus remarquables dans la croissance d'un enfant). Pourtant, ses opposants répondent : "Vous devez nous prouver vos vérités telles que nous sommes maintenant !" Cela semble immédiatement une tâche difficile, car ils n'ont pas satisfait à la nécessité de développer les pouvoirs dormants en eux, ils sont toujours réticents à le faire, et pourtant ils insistent pour qu'il leur donne des preuves ; ils ne voient pas non plus que c'est exactement comme si un paysan à sa charrue devait exiger du mathématicien la preuve d'un problème compliqué, sans avoir la peine d'apprendre les mathématiques.

Cet état mental mixte semble être si général et sa solution si simple qu'on hésite presque à en parler. Et pourtant, il indique une illusion sous laquelle des millions de personnes continuent de vivre à l'heure actuelle. Lorsqu'on leur explique, ils sont toujours d'accord en théorie, puisque c'est aussi évident que deux et deux font quatre ; pourtant, dans la pratique, ils agissent continuellement en contradiction. L'erreur est devenue une seconde nature pour beaucoup ; ils s'y abandonnent sans se rendre compte qu'ils le font, sans désirer être convaincus de son erreur ; tout comme ils s'opposent à d'autres lois qu'ils devraient et pourraient reconnaître à tout moment comme incarnant un principe de la nature la plus simple, s'ils lui donnaient une considération impartiale. Peu importe que le mystique d'aujourd'hui évolue parmi des artisans réfléchis, ou dans un cercle plus éduqué, où qu'il aille, il rencontre le même préjugé, la même auto-contradiction. On le trouve dans les conférences populaires, dans les journaux et les magazines, et même dans les ouvrages ou traités plus savants. Ici, nous devons reconnaître très clairement que nous traitons d'un consensus d'opinion qui équivaut à un signe des temps, que nous ne pouvons pas simplement qualifier d'incompétent, ni traiter comme une critique potentiellement correcte mais injuste. Nous devons comprendre que ce préjugé contre les vérités supérieures réside profondément dans l'être même de notre époque. Nous devons comprendre clairement que les grands succès, l'immense avancée marquant notre époque, encouragent nécessairement cette condition. Le XIXe siècle en particulier avait, à cet égard, un côté sombre par rapport à ses merveilleuses réalisations. Sa grandeur repose sur des découvertes dans le monde extérieur et la conquête des forces naturelles à des fins techniques et industrielles. Ces succès n'auraient pu être obtenus que par l'emploi de l'esprit dirigé vers des résultats matériels.

La civilisation d'aujourd'hui est le résultat de l'entraînement de nos sens, et de cette partie de notre esprit qui est occupée par le monde des sens. Presque chaque pas que nous faisons dans les marchés animés d'aujourd'hui nous montre combien nous devons à ce type d'entraînement. Et c'est sous l'influence de ces bienfaits de la civilisation que les habitudes de pensée prévalant parmi nos semblables ont été développées. Ils continuent à se fier aux sens et à l'esprit, car c'est par eux qu'ils sont devenus grands. On leur a appris à ne rien admettre comme vrai sauf les choses qui leur sont présentées par les sens ou l'intellect. Et rien n'est plus apte à revendiquer pour lui-même le seul témoignage valide, la seule autorité absolue, que l'esprit ou les sens. Si un homme a acquis par leur intermédiaire un certain degré de culture, il s'habitue dès lors à soumettre tout à leur considération, tout à leur critique. Et encore dans un autre domaine, dans le domaine de la vie sociale, nous trouvons un trait similaire. L'homme du XIXe siècle insistait, au sens le plus large du terme, sur la liberté absolue de la personnalité, et repoussait toute autorité dans le Commonwealth social. Il s'efforçait de construire la communauté de telle manière que l'indépendance totale, la vocation choisie par chaque individu, soit assurée sans ingérence. De cette manière, il était devenu habituel pour lui de considérer tout du point de vue de l'individu moyen.

Cette même individualité est également utile dans la recherche de la connaissance sur le plan spirituel, car les pouvoirs supérieurs qui sommeillent dans l'âme peuvent être développés par une personne dans cette direction et par une autre dans celle-ci. L'un progressera davantage, l'autre moins. Mais quand ils développent ces pouvoirs, et leur accordent de la valeur, les hommes commencent à se différencier. Et alors on doit permettre, à l'étudiant avancé, plus de droit de parler du sujet, ou d'agir d'une certaine manière, qu'à un autre moins avancé. Cela est plus essentiel dans les questions du domaine supérieur que sur le plan des sens et de l'esprit, où les expériences sont plus ou moins les mêmes.

Il est également à noter que la formation actuelle du Commonwealth social a contribué à susciter une révolte contre les pouvoirs supérieurs de l'homme. Selon le mystique, la civilisation du XIXe siècle a évolué entièrement le long de lignes physiques ; et les gens se sont habitués à ne se mouvoir que sur le plan physique et à s'y sentir chez eux. Les pouvoirs supérieurs ne se développent que sur des plans plus élevés que le physique, et la connaissance que ces facultés apportent est donc inconnue de l'homme physique. Il suffit d'assister à des rassemblements de masse, si l'on veut être convaincu du fait que les orateurs là-bas sont totalement incapables de penser à autre chose qu'au plan physique, au monde des sens. On peut également le constater à travers les principaux journalistes de nos journaux et magazines ; et, en effet, de tous côtés, on peut observer le déni le plus hautain et le plus complet de tout ce qui ne peut être vu avec les yeux, ou senti avec les mains, ou compris par l'esprit moyen. Nous ne condamnons pas cette attitude car elle marque une étape nécessaire dans le développement de l'humanité. Sans la fierté et les préjugés de l'esprit et des sens, nous n'aurions jamais réalisé nos grandes conquêtes sur la vie matérielle, ni été capables de conférer à la personnalité une certaine mesure d'élasticité : nous ne pouvons pas non plus espérer que de nombreux idéaux, qui doivent être fondés sur le désir de l'homme pour la liberté et l'affirmation de la personnalité, puissent encore être réalisés.

Mais ce côté sombre d'une civilisation purement matérialiste a profondément affecté tout l'être de l'homme moderne. Pour en apporter la preuve, il n'est pas nécessaire de se référer aux faits évidents déjà mentionnés ; il serait facile de démontrer, par certains exemples (qui sont largement sous-estimés, surtout aujourd'hui), à quel point dans l'esprit de l'homme moderne est enracinée cette adhésion au témoignage des sens, ou de l'intelligence moyenne. Et ce sont justement ces choses qui indiquent la nécessité du renouveau de la vie spirituelle.

La forte réaction suscitée par la théorie de Babel et Bible du professeur Friedrich Delitzsch justifie pleinement une référence à la méthode de pensée de son auteur, en tant que signe des temps. Le professeur Delitzsch a démontré la relation de certaines traditions de l'Ancien Testament avec les récits babyloniens de la Création, et ce fait, venant d'une telle source et sous une telle forme, a été réalisé par beaucoup qui auraient autrement ignoré de telles questions. Cela a conduit beaucoup à reconsidérer ce qu'on appelle l'idée de Révélation. Ils se demandent : "Comment est-il possible d'accepter l'idée que le contenu de l'Ancien Testament a été révélé par Dieu, alors que nous trouvons des conceptions très similaires parmi des nations décidément païennes ?" Ce problème ne peut ici être davantage discuté. Delitzsch a trouvé de nombreux opposants qui craignaient que, par son exposition, les fondements mêmes de la Religion aient été ébranlés. Il s'est défendu dans une brochure, Babel et Bible, un Retour en arrière et une Prévision. Ici, nous nous référerons seulement à une déclaration dans la brochure. Une déclaration importante, car elle révèle l'opinion d'un éminent scientifique sur la position de l'homme par rapport aux vérités transcendantes. Et aujourd'hui, d'innombrables autres personnes pensent et ressentent exactement comme Delitzsch. La déclaration offre une excellente occasion de découvrir quelle est la conviction la plus profonde de nos contemporains, exprimée tout à fait librement et, par conséquent, sous sa forme la plus vraie. Delitzsch s'adresse à ceux qui lui reprochent un usage quelque peu libéral du terme "Révélation", et qui voudraient le considérer comme "une sorte de vieille sagesse sacerdotale" qui "n'a rien du tout à voir avec le laïc", et leur répond ainsi.

Pour ma part, je suis d'avis que tant nos enfants que nous-mêmes, instruits à l'école ou à l'église au sujet de la Révélation, non seulement sommes dans notre droit, mais c'est notre devoir, de penser de manière indépendante concernant ces questions profondes, possédant aussi, comme elles le font, un aspect éminemment pratique, ne serait-ce que pour éviter de donner à nos enfants des réponses "évasives". Pour cette raison même, cela sera gratifiant pour de nombreux chercheurs de vérité lorsque le dogme d'un choix spécial d'Israël sera mis en lumière par une vision historique plus large, grâce à l'union de la recherche babylonienne, assyrienne et de l'Ancien Testament... [Quelques pages plus tôt, nous voyons la direction de telles pensées.] Pour le reste, il me semble que la seule chose logique est que l'Église et l'École soient satisfaites en ce qui concerne l'ensemble de l'histoire passée du monde et de l'humanité, avec la croyance en un seul Dieu tout-puissant, créateur du ciel et de la terre, et que ces récits de l'Ancien Testament soient classés à part sous un titre tel que "Anciens Mythes Hébraïques".

(Il va de soi, nous supposons, que personne ne verra dans les remarques suivantes une attaque contre l'enquêteur Delitzsch.) Que signifie alors, en toute simplicité naïve, ce qui est affirmé ici ? Rien de moins que l'esprit qui s'engage dans l'investigation physique peut revendiquer le droit de juger des expériences de nature supraphysique. Il n'y a pas de pensée que cet esprit, sans autre développement, puisse peut-être ne pas être apte à réfléchir sur les enseignements de ces "Révélations". Lorsque l'on souhaite comprendre ce qui apparaît comme une "Révélation", on doit employer le type de connaissance ou de forces par lesquels la "Révélation" elle-même nous est parvenue.

Celui qui développe en lui-même le pouvoir mystique de perception observe bientôt que dans certaines histoires de l'Ancien Testament que Delitzsch appelait "Anciens Mythes Hébraïques", des vérités d'une nature supérieure à celles qui peuvent être comprises par l'intellect, qui ne s'intéresse qu'aux choses des sens, lui sont révélées. Ses propres expériences le conduiront à voir que ces "Mythes" ont émané d'une perception mystique de vérités transcendantes. Et alors, en un moment illuminant, tout son point de vue est changé.

Tout comme on ne peut pas démontrer la fausseté d'un problème mathématique en découvrant qui l'a résolu en premier, ou même que plusieurs personnes l'ont résolu, de même on ne peut pas remettre en question la vérité d'un récit biblique par la découverte d'une histoire similaire ailleurs. Au lieu d'exiger que chacun insiste sur son droit, voire son devoir, de penser de manière indépendante sur les soi-disant "Révélations", nous devrions plutôt considérer que seul celui qui a développé en lui-même ces pouvoirs latents qui lui permettent de revivre ce qui a été réalisé autrefois par ces mêmes mystiques, qui ont proclamé les "révélations surnaturelles", a le droit de décider quoi que ce soit à ce sujet.

Voici un excellent exemple de comment l'intellect moyen, qualifié pour les plus grands triomphes dans la connaissance pratique des sens, se pose, dans sa fierté naïve, comme juge dans des domaines dont il ne se soucie même pas de connaître l'existence. Car l'investigation purement historique est aussi menée par rien d'autre que l'expérience des sens.

De la même manière, l'enquête du Nouveau Testament nous a conduits dans une impasse. A tout prix, la méthode de la "Nouvelle Investigation Historique" devait être dirigée vers les Évangiles. Ces documents ont été comparés les uns aux autres, et mis en relation avec toutes sortes d'archives, afin que nous puissions découvrir ce qui s'est réellement passé en Palestine de l'an 1 à l'an 33 ; comment la "personnalité historique" dont ils parlent a vraiment vécu, et ce qu'il a vraiment pu dire.

Angelus Selesius, du XVIIe siècle, a déjà exprimé toute l'attitude critique envers ce type d'enquête :
"Même si le Christ naissait chaque année à Bethléem, et n'avait jamais eu de naissance en vous-même, vous seriez perdus pour toujours ; et si ce n'est pas en vous-même qu'il est élevé à nouveau, la Croix au Golgotha ne peut pas vous sauver de la douleur."
Ce ne sont pas là les paroles d'un homme qui doutait, mais celles d'un chrétien, fort dans sa croyance. Et son prédécesseur tout aussi fervent, Maître Eckhart, a dit au XIIIe siècle :
"Il y en a qui désirent voir Dieu de leurs yeux, comme ils regardent une vache ; et tout comme ils aiment une vache, ils désirent aimer Dieu... Les gens simples imaginent que Dieu peut être vu comme s'il se tenait là et qu'ils se tenaient ici. Mais ce n'est pas le cas : dans cette perception, Dieu et moi sommes un."
Ces mots ne doivent pas être compris comme dirigés contre l'enquête de "vérité historique". Pourtant, personne ne peut comprendre correctement la vérité historique de tels documents

que les Évangiles, à moins qu'il n'ait d'abord vécu en lui-même le sens mystique qu'ils contiennent. Toutes ces comparaisons et analyses sont totalement sans valeur, car personne ne peut découvrir qui est "né à Bethléem" si ce n'est celui qui a vécu mystiquement l'expérience du Christ en lui-même ; de même, personne en qui cela n'a pas déjà été érigé, ne peut décider comment "la Croix au Golgotha" peut nous délivrer de la douleur. L'enquête purement historique "ne peut découvrir rien de plus concernant la réalité mystique que le dissection anatomique, peut-être, ne peut découvrir le secret d'un grand génie poétique." (Voir mon livre, Das Christentum als mystische Tatsache, Berlin, C. A. Schwetschke und Sohn, 1902, ou sa traduction française, mentionnée à la page 1.)

Celui qui peut voir clairement dans ces matières est conscient à quel point, à l'époque actuelle, est enracinée la "fierté" de l'intellect, qui ne s'occupe que des faits des sens. Il dit : "Je ne veux pas développer des facultés pour atteindre les vérités supérieures ; je veux former mes décisions à leur sujet avec les pouvoirs que j'ai maintenant."

Dans une brochure bien intentionnée, mais écrite entièrement dans cet esprit de l'époque que nous avons déjà indiqué (Que savons-nous de Jésus ? par A. Kalthoff, Berlin, 1904), nous lisons ce qui suit :

"Le Christ, qui symbolise la vie de la Communauté, peut être discerné

en lui-même par l'homme d'aujourd'hui : de sa propre âme, l'homme

d'aujourd'hui peut créer le Christ aussi bien que l'auteur d'un évangile

l'a créé ; en tant qu'homme, il peut se mettre dans la même position

que les écrivains d'évangiles, car il peut se réintégrer dans les mêmes processus de l'âme, peut lui-même parler ou écrire l'Évangile."

Ces mots pourraient être vrais, mais ils peuvent aussi être totalement erronés. Ils sont vrais lorsqu'ils sont compris dans le sens d'Angelus Silesius ou de Maître Eckhart, c'est-à-dire lorsqu'ils se réfèrent au développement des facultés latentes présentes dans chaque âme humaine, qui, à partir d'une telle idée, s'efforce de vivre en elle-même le Christ des Évangiles. Ils sont complètement faux si l'on crée ainsi, à partir de l'esprit d'une époque qui n'admet la vérité d'aucune perception autre que celle des sens, un idéal plus ou moins superficiel du Christ.

La vie de l'Esprit ne peut être comprise que lorsque nous ne présumons pas de la critiquer avec l'esprit inférieur, mais plutôt lorsque nous la développons avec révérence en nous-mêmes. Personne ne peut espérer apprendre quoi que ce soit sur les vérités supérieures s'il exige qu'elles soient abaissées au "niveau de compréhension moyen." Cette affirmation provoque la question : "Pourquoi, alors, les mystiques proclament-ils ces vérités à des personnes qui, comme vous le déclarez, ne peuvent pas encore les comprendre ? Pourquoi devrait-il y avoir des mouvements en faveur de certains enseignements, alors que les pouvoirs qui rendent les hommes capables de concevoir ces enseignements sont encore sous-développés ?"

Il incombe à ce livre d'élucider cette contradiction apparente. Il montrera que les courants spirituels de notre époque proviennent d'une source différente, d'une manière différente, de la science qui repose entièrement sur l'intellect inférieur. Pourtant, malgré cela, ces courants spirituels ne doivent pas être considérés comme moins scientifiques que la science basée uniquement sur les faits physiques. Au contraire, ils étendent le champ de l'investigation scientifique dans le supraphysique. Nous devons clore ce chapitre avec une question supplémentaire, qui est susceptible de se poser : Comment peut-on accéder aux vérités supraphysiques, et en quoi les mouvements spirituels sont-ils utiles pour y parvenir ?

II. COMMENT ACQUÉRIR LA CONNAISSANCE DES MONDES SUPÉRIEURS

Dans chaque être humain se trouvent des facultés latentes grâce auxquelles il peut acquérir une connaissance des mondes supérieurs. Le mystique, le maître, le théosophe ou le gnostique parle d'un monde de l'âme et d'un monde de l'esprit, qui sont, pour lui, aussi réels que le monde que nous voyons de nos yeux physiques ou que nous touchons de nos mains physiques. Et ceux qui souhaitent développer les sens spirituels, qui dévoilent la connaissance psychique, devraient comprendre que des conseils sûrs ne peuvent être donnés que par ceux qui ont déjà développé un tel pouvoir en eux-mêmes. Tant que la race humaine existe, il y a eu des loges et des écoles dans lesquelles ceux qui possédaient ces facultés supérieures ont donné des instructions à ceux qui les cherchaient. On les appelle des écoles occultes, et l'instruction qui y est dispensée est appelée science ésotérique ou enseignement occulte. Cette désignation conduit parfois à des malentendus. Celui qui l'entend peut très facilement être induit en erreur dans la croyance que ceux qui travaillent dans ces écoles désirent représenter une classe spéciale et privilégiée, qui retient arbitrairement son savoir à ses semblables. En effet, il peut même penser qu'il n'y a peut-être rien de vraiment important derrière une telle connaissance. Car il est tenté de penser que, si c'était une vraie connaissance, il n'y aurait pas besoin d'en faire un secret : on pourrait alors la communiquer publiquement pour le bien de tous les hommes.

Ceux qui ont été initiés à la connaissance occulte ne sont nullement surpris que les non-initiés pensent ainsi. Seul celui qui a vécu à un certain degré cette initiation à la connaissance supérieure de l'être peut comprendre le secret de cette initiation. Mais on peut demander : Comment, alors, les non-initiés, compte tenu des circonstances, peuvent-ils développer le moindre intérêt pour cette connaissance mystique ? Comment et pourquoi devraient-ils chercher quelque chose dont ils ne peuvent se faire aucune idée ? Une telle question repose sur une conception entièrement erronée de la nature réelle de la connaissance occulte. En vérité, il n'y a aucune différence fondamentale entre la connaissance occulte et tout le reste de la connaissance et de la capacité de l'homme. Cette connaissance mystique n'est pas plus un secret pour l'homme moyen que l'écriture ne l'est pour celui qui n'a jamais appris à lire. Et tout comme tout le monde peut apprendre à écrire s'il choisit la bonne méthode, tout le monde peut devenir disciple, voire enseignant, s'il recherche le bon chemin. Il n'y a qu'un seul respect dans lequel les conditions sont différentes de celles qui s'appliquent aux activités intellectuelles externes. La possibilité d'acquérir l'art d'écrire peut être refusée à quelqu'un par la pauvreté ou par l'état de civilisation dans lequel il est né ; mais pour l'acquisition de la connaissance dans les mondes supérieurs, il n'y a aucun obstacle pour celui qui la recherche sincèrement.

Beaucoup pensent qu'il est nécessaire de trouver, ici ou là, les Maîtres de la connaissance supérieure pour en recevoir l'illumination. En premier lieu, celui qui s'efforce sérieusement après la connaissance supérieure n'a pas à craindre de difficulté ou d'obstacle dans sa recherche d'un Initié capable de le guider dans les secrets plus profonds du monde. Tout le monde, au contraire, peut être certain qu'un Initié le trouvera, dans toutes les circonstances, s'il y a en lui un effort sérieux et digne d'atteindre cette connaissance. Car c'est une loi stricte pour tous les Initiés de ne refuser à aucun homme la connaissance qui lui est due. Mais il y a une loi tout aussi stricte qui exige que personne ne reçoive de connaissance occulte tant qu'il n'est pas digne et bien préparé. Et plus strictement il observe ces deux lois, plus parfait est un Initié. L'ordre qui embrasse tous les Initiés est entouré, pour ainsi dire, d'un mur, et les deux lois mentionnées ici forment deux principes forts par lesquels les constituants de ce mur sont maintenus ensemble. Vous pouvez vivre en étroite amitié avec un Initié, mais ce mur vous séparera de lui aussi longtemps que vous ne serez pas devenu un Initié vous-même. Vous pouvez profiter pleinement du cœur, de l'amour d'un Initié, mais il ne vous révélera son secret que lorsque vous serez prêt pour cela. Vous pouvez le flatter ; vous pouvez le torturer ; rien ne l'incitera à vous divulguer quelque chose qu'il sait qu'il ne doit pas révéler, dans la mesure où vous, à l'étape actuelle de votre évolution, ne comprenez pas correctement comment recevoir le secret dans votre âme.

Les voies qui préparent un homme à la réception d'un tel secret sont clairement prescrites. Elles sont indiquées par les lettres impérissables et éternelles à l'intérieur des temples où les Initiés gardent les secrets supérieurs. Dans les temps anciens, antérieurs à "l'histoire", ces temples étaient visibles extérieurement ; aujourd'hui, parce que nos vies sont devenues si peu spirituelles, ils sont pour la plupart complètement invisibles à la vue extérieure. Pourtant, ils sont présents partout, et tous ceux qui cherchent peuvent les trouver.

Seulement à l'intérieur de son âme un homme peut découvrir les moyens qui lui ouvriront les lèvres de l'Initié. Jusqu'à un certain degré élevé, il doit développer en lui-même des facultés spéciales, et alors les plus grands trésors de l'Esprit deviennent siens. Il doit commencer par une certaine attitude fondamentale de l'âme : l'étudiant en Occultisme l'appelle le Chemin de la Dévotion, de la Vénération. Seul celui qui maintient cette attitude peut, en Occultisme, devenir un disciple. Et celui qui a de l'expérience dans ces choses est capable de percevoir même chez l'enfant les signes d'un approfondissement du disciple. Il y a des enfants qui regardent avec une crainte religieuse ceux qu'ils vénèrent. Pour de telles personnes, ils ont un respect qui leur interdit d'admettre, même dans le sanctuaire le plus intime du cœur, toute pensée de critique ou d'opposition. Ces enfants grandissent pour devenir de jeunes hommes et de jeunes femmes qui se sentent heureux lorsqu'ils peuvent admirer quelque chose de vénérable. Parmi ces enfants sont recrutés de nombreux disciples.

Avez-vous déjà fait une pause devant la porte d'un homme vénéré, et avez-vous, lors de cette première visite, ressenti une crainte religieuse en appuyant sur la poignée, afin d'entrer dans la pièce qui pour vous est un lieu saint ? Alors il s'est manifesté en vous une émotion qui peut être le germe de votre futur discipleship. C'est une bénédiction pour toute personne en développement d'avoir de telles émotions sur lesquelles construire. Seulement, il ne faut pas penser que de telles qualités contiennent le germe de la soumission et de l'esclavage. L'expérience nous enseigne que ceux qui tiennent le mieux leur tête haute sont ceux qui ont appris à vénérer là où la vénération est due. Et la vénération est toujours à sa place quand elle s'élève des profondeurs du cœur. Si nous ne développons pas en nous-mêmes ce sentiment profondément enraciné qu'il y a quelque chose de plus élevé que nous-mêmes, nous ne trouverons jamais assez de force pour évoluer vers quelque chose de plus élevé. L'Initié n'a acquis que le pouvoir d'élever son intellect aux sommets de la connaissance en guidant son cœur dans les profondeurs de la vénération et de la dévotion. Les hauteurs de l'Esprit ne peuvent être atteintes qu'en passant par les portails de l'humilité. L'homme peut certainement avoir le droit de contempler la Réalité, mais il doit d'abord mériter ce droit.

Vous ne pouvez acquérir une connaissance juste que lorsque vous êtes prêt à l'estimer. Il y a des lois dans la vie spirituelle, comme dans la vie physique. Frottez une baguette de verre avec un matériau approprié et elle deviendra électrique, c'est-à-dire qu'elle acquerra le pouvoir d'attirer de petits corps. Cela illustre la loi naturelle. (Et si l'on a appris même un peu de physique, on sait cela.) De même, si l'on est familiarisé avec les premiers principes de l'Occultisme, on sait que chaque sentiment de véritable dévotion aide à développer des qualités qui, tôt ou tard, mènent au Chemin de la Connaissance.

Celui qui possède en lui ce sentiment de dévotion, ou qui a la chance de le recevoir de son éducation, apporte beaucoup avec lui, lorsque, plus tard dans la vie, il cherche à pénétrer dans la connaissance des mondes supérieurs. Mais celui qui n'a pas eu une telle préparation se trouvera confronté à des difficultés, même dès le premier pas sur le Chemin de la Connaissance, à moins qu'il ne entreprenne, par une auto-éducation rigoureuse, de créer l'état d'esprit dévotionnel en lui-même. À notre époque, il est particulièrement important que toute l'attention soit portée sur ce point. Notre civilisation tend beaucoup plus vers la critique, le jugement, et ainsi de suite, que vers la dévotion et une vénération désintéressée. Nos enfants critiquent beaucoup plus qu'ils ne vénèrent. Mais chaque jugement, chaque critique acerbe, frustre les pouvoirs de l'âme pour l'atteinte de la connaissance supérieure, dans la même mesure que toute dévotion sincère les développe. Nous ne voulons rien dire contre notre civilisation ni la juger. Car c'est à cette faculté critique, à ce discernement humain conscient, à ce "éprouvez toutes choses et retenez ce qui est bon", que nous devons la grandeur de notre civilisation. Nous n'aurions jamais pu atteindre la science, le commerce, l'industrie, la loi de notre temps, si nous n'avions pas exercé notre faculté critique partout, si nous n'avions pas appliqué partout la norme de notre jugement. Mais ce que nous avons ainsi gagné en culture extérieure, nous l'avons dû payer par une perte correspondante de la connaissance supérieure, de la vie spirituelle.

Maintenant, la chose importante que chacun doit clairement comprendre, c'est que pour celui qui est en plein milieu de la civilisation objective de notre temps, il est très difficile de progresser vers la connaissance des mondes supérieurs. Il ne peut le faire que s'il travaille énergiquement en lui-même. À une époque où les conditions de la vie extérieure étaient plus simples, l'exaltation spirituelle était plus facile à atteindre. Ce qui devrait être vénéré, ce qui devrait être sanctifié, ressortait mieux des choses ordinaires du monde. Dans une période de critique, ces idéaux sont beaucoup abaissés ; d'autres émotions prennent la place de la crainte, de la vénération, du respect et de la prière. Notre époque pousse continuellement ces meilleures émotions de plus en plus loin, de sorte que dans la vie quotidienne des gens, elles jouent un rôle très minime. Celui qui cherche une connaissance supérieure doit la créer en lui-même ; il doit lui-même l'inculquer dans son âme. Cela ne peut pas se faire par l'étude ; cela ne peut se faire que par la vie. Celui qui souhaite devenir disciple doit donc cultiver assidûment l'état d'esprit dévotionnel. Partout dans son environnement, il doit chercher ce qui exige de lui admiration et hommage. Chaque fois que ses devoirs ou les circonstances le permettent, il devrait essayer de s'abstenir complètement de toute critique ou jugement. Si je rencontre un frère et que je le blâme pour sa faiblesse, je me prive du pouvoir d'atteindre la connaissance supérieure ; mais si j'essaie d'entrer avec amour dans ses mérites, j'acquiers alors un tel pouvoir. Le disciple devrait chercher à bénéficier à la fois de lui-même et des autres. Les occultistes expérimentés savent combien ils doivent à la recherche continue du bien en toutes choses et à l'abstention de toute critique sévère. Cela doit être non seulement une règle de vie externe ; mais cela doit s'emparer de la partie la plus intime de nos âmes. Nous avons le pouvoir de nous perfectionner, et peu à peu de nous transformer complètement. Mais cette transformation doit se produire au plus profond de soi, dans la vie mentale. Il ne suffit pas que je montre du respect seulement dans mon comportement extérieur envers une personne ; je dois avoir ce respect dans ma pensée. Le disciple doit commencer par attirer cette dévotion dans sa vie mentale. Il doit bannir complètement de sa conscience toutes les pensées de manque de respect, de critique, et il doit s'efforcer immédiatement de cultiver des pensées de dévotion.

Chaque instant, où nous nous efforçons de bannir de notre conscience tout ce qui y reste de jugement méprisant et suspect envers nos semblables, nous rapproche de la connaissance des choses supérieures. Et nous progressons rapidement lorsque, dans de tels moments, nous remplissons notre conscience uniquement de pensées qui évoquent l'admiration, le respect et la vénération pour les hommes et les choses. Celui qui a de l'expérience en ces matières saura qu'à chaque instant de telles pouvoirs sont éveillés en l'homme qui autrement resteraient dormants. De cette manière, les yeux spirituels d'un homme s'ouvrent. Il commence à voir autour de lui des choses qu'il était auparavant incapable de percevoir. Il commence à comprendre qu'auparavant, il n'avait vu qu'une partie du monde qui l'entoure. L'homme avec qui il entre en contact lui montre maintenant un aspect tout à fait différent de celui qu'il montrait auparavant. Bien sûr, grâce à cette seule règle de vie, il ne pourra pas encore voir ce qui a été décrit ailleurs comme l'aura humaine, car, pour cela, une formation encore plus élevée est nécessaire. Mais il peut s'élever à ce développement supérieur s'il a auparavant reçu une formation approfondie en matière de dévotion. Le suivi du "Chemin du Discipleship" se fait sans bruit et sans être remarqué par le monde extérieur. Il n'est pas nécessaire que quiconque observe un changement chez le disciple. Il accomplit ses devoirs comme auparavant ; il s'occupe de ses affaires comme d'habitude. La transformation se produit seulement dans la partie intérieure de l'âme, cachée aux yeux extérieurs. Au début, toute la vie de l'âme d'un homme est inondée par cette source fondamentale de dévotion pour tout ce qui est vraiment vénérable. Sa vie entière de l'âme trouve dans cet état d'esprit dévotionnel son pivot. Tout comme le soleil, à travers ses rayons, vivifie tout ce qui est vivant, ainsi dans la vie du disciple cette vénération vivifie toutes les perceptions de l'âme.

Au début, il n'est pas facile pour les gens de croire que des sentiments tels que la révérence, le respect, et ainsi de suite, ont quelque chose à voir avec leurs perceptions. Cela vient du fait qu'on a tendance à penser à la perception comme une faculté totalement à part, qui n'a aucun lien avec ce qui se passe autrement dans l'âme. En pensant ainsi, nous ne nous souvenons pas que c'est l'âme qui perçoit. Et les sentiments sont pour l'âme ce que la nourriture est pour le corps. Si nous donnons au corps des pierres à la place du pain, son activité cessera. Il en va de même pour l'âme. La vénération, l'hommage, la dévotion, sont comme un nutriment qui la rend saine et forte, particulièrement forte pour l'activité de perception. Le manque de respect, l'antipathie, et la sous-estimation, provoquent la famine et le flétrissement de cette activité. Pour l'occultiste, ce fait est visible dans l'aura. Une âme qui nourrit les sentiments de dévotion et de révérence, provoque un changement dans son aura. Certaines teintes rouge jaunâtre ou rouge-brun disparaîtront, et des teintes rouge bleuté les remplaceront. Et alors l'organe de la perception s'ouvre. Il reçoit des informations sur des faits de son environnement dont il n'avait jusqu'alors aucune connaissance. La révérence éveille un pouvoir sympathique dans l'âme, et à travers cela, nous attirons des qualités similaires chez les êtres qui nous entourent, qui resteraient sinon cachées. Encore plus efficace est ce pouvoir qui peut être obtenu par la dévotion lorsqu'un autre sentiment est ajouté. On apprend à se donner de moins en moins aux impressions du monde extérieur, et à développer à sa place une vie intérieure vivante. Celui qui se précipite d'une impression du monde extérieur à une autre, qui cherche constamment des distractions, ne peut pas trouver le chemin de l'Occultisme. Le disciple ne devrait pas non plus s'abrutir au monde extérieur ; mais que sa riche vie intérieure lui montre la direction dans laquelle il devrait prêter attention à ses impressions. En passant à travers une belle région montagneuse, l'homme avec profondeur d'âme et richesse d'émotion vit des expériences différentes de l'homme avec peu d'émotions. Seule ce que nous expérimentons en nous-mêmes révèle les beautés du monde extérieur. Un homme traverse l'océan, et seulement quelques expériences intérieures traversent son âme ; mais un autre entendra alors le langage éternel de l'esprit du monde, et pour lui seront dévoilés les mystères de la création.

On doit avoir appris à contrôler ses propres sentiments et idées si on souhaite développer une relation intime avec le monde extérieur. Chaque phénomène dans ce monde extérieur est plein de splendeur divine, mais on doit avoir ressenti le Divin en soi avant de pouvoir l'espérer le découvrir à l'extérieur. On dit au disciple de consacrer certains moments de sa vie quotidienne pour se retirer en lui-même, tranquillement et seul. À ces moments-là, il ne devrait pas s'occuper de ses propres affaires personnelles, car cela produirait le contraire de ce qu'il vise. Pendant ces moments, il devrait plutôt écouter dans un silence complet les échos de ce qu'il a vécu, de ce que le monde extérieur lui a dit. Alors, dans ces périodes de calme, chaque fleur, chaque animal, chaque action lui dévoilera des secrets inimaginables, et ainsi il se préparera à recevoir de nouvelles impressions du monde extérieur, comme s'il le regardait avec des yeux différents. Car celui qui désire seulement profiter d'une impression après l'autre, n'engourdit que la faculté perceptive, tandis que celui qui laisse le plaisir ensuite lui révéler quelque chose, l'agrandit et l'éduque. Il doit veiller à ne pas simplement laisser le plaisir résonner, pour ainsi dire ; mais, renonçant à tout autre émotion de joie, commencer à travailler sur ses expériences agréables avec une activité intérieure. Le danger à ce stade est très grand. Au lieu de travailler en soi-même, il est facile de tomber dans l'habitude opposée de chercher ensuite à épuiser complètement le plaisir. Ne sous-estimons pas les sources imprévues d'erreur qui confrontent ici le disciple. Il doit nécessairement passer par une foule de tentations, chacune tendant seulement à endurcir son Moi et à l'emprisonner en lui-même. Il devrait l'ouvrir grand pour le monde entier. Il est nécessaire qu'il cherche le plaisir, car c'est ainsi seulement que le monde extérieur peut l'atteindre ; et s'il s'abrutit au plaisir, il devient comme une plante qui ne peut plus puiser de nourriture dans son environnement. Pourtant, s'il s'arrête au plaisir, il est alors enfermé en lui-même, et ne sera quelque chose que pour lui-même et rien pour le monde. Peu importe à quel point il peut vivre en lui-même, peu importe à quel point il peut cultiver intensément son Moi, le monde l'exclura. Il est mort pour le monde. Le disciple considère le plaisir seulement comme un moyen de s'ennoblir pour le monde. Le plaisir pour lui est comme un éclaireur qui l'informe sur le monde, et après avoir été enseigné par le plaisir, il passe au travail. Il n'apprend pas pour accumuler la sagesse comme son propre trésor, mais pour mettre son apprentissage au service du monde.

Dans toutes les formes d'occultisme, il y a un principe fondamental qui ne doit pas être transgressé, si un quelconque but doit être atteint. Tous les enseignants occultistes doivent impressionner sur leurs élèves que, Toute branche de connaissance que vous cherchez seulement à enrichir votre propre apprentissage, seulement à accumuler un trésor pour vous-même, vous éloigne du Chemin ; mais toute connaissance que vous cherchez pour travailler au service de l'humanité et pour l'élévation du monde vous fait faire un pas en avant. Cette loi doit être rigoureusement observée ; et on n'est pas un véritable disciple tant qu'on ne l'a pas adoptée comme guide pour toute sa vie. Dans beaucoup d'écoles occultistes, cette vérité est exprimée dans la phrase suivante : Toute idée qui ne devient pas un idéal pour vous, tue une force dans votre âme : toute idée qui devient un idéal crée en vous une force vitale.

III. LE CHEMIN DU DISCIPLE

Au tout début de son parcours, l'étudiant est dirigé vers le Chemin de la Révérence et le développement de la vie intérieure. L'enseignement occulte donne également des instructions pratiques grâce à l'observation desquelles il peut apprendre à suivre ce Chemin et à développer cette vie intérieure. Ces instructions pratiques n'ont pas de base arbitraire. Elles reposent sur une expérience ancienne et une sagesse ancienne, et partout où les voies vers la connaissance supérieure sont tracées, elles sont de même nature. Tous les véritables enseignants d'occultisme s'accordent sur le caractère essentiel de ces règles, bien qu'ils ne les expriment pas toujours de la même manière. Cette différence d'expression est de caractère mineur, plus apparente que réelle, et est due à des circonstances qui n'ont pas besoin d'être mentionnées ici.

Aucun enseignant ne souhaite, au moyen de telles règles, établir une ascendance sur d'autres personnes. Il ne voudrait pas manipuler l'indépendance individuelle. En effet, personne ne respecte et ne chérit l'individualité humaine plus que les enseignants d'occultisme. Il a été dit, dans la première partie de ce livre, que l'ordre qui embrasse tous les Initiés était entouré d'un mur, et que deux lois formaient les principes par lesquels il était soutenu. Chaque fois que l'Initié quitte cet enclos et sort dans le monde, il doit se soumettre à une troisième loi inviolable. C'est celle-ci : Veillez sur chacune de vos actions et chacune de vos paroles, afin de ne pas entraver le libre arbitre de tout être humain. Ceux qui reconnaissent que les véritables enseignants occultistes sont profondément imprégnés de ce principe comprendront qu'ils peuvent ajouter à leur indépendance grâce aux directions pratiques qu'ils sont encouragés à suivre.

Une des premières de ces règles peut être ainsi exprimée dans notre langue : "Accordez-vous des moments de calme intérieur, et en ces moments, apprenez à distinguer entre le réel et l'irréel." Je dis délibérément "exprimée dans notre langue", car à l'origine, toutes les règles et enseignements de la science occulte étaient exprimés dans un langage symbolique. Ceux qui désirent maîtriser toute la portée et la signification doivent d'abord obtenir la permission d'apprendre ce langage symbolique, et avant qu'une telle permission ne puisse être obtenue, il est nécessaire d'avoir pris les premiers pas dans la connaissance occulte. Cela peut être réalisé en observant attentivement de telles règles telles que celles qui sont données ici. Le Chemin est ouvert à tous ceux qui veulent sincèrement y entrer. Simple, en vérité et facile à suivre, est la règle concernant les moments de calme intérieur ; mais elle ne conduit au but que lorsque la recherche est aussi sérieuse et stricte que le chemin est simple. Il sera donc exposé ici, sans autre préambule, la manière dont cette règle devrait être observée.

L'étudiant doit marquer une petite partie de sa vie quotidienne pour s'occuper de quelque chose de tout à fait différent des occupations de sa vie ordinaire, et la manière dont il s'occupe à ce moment-là doit également différer de la manière dont il accomplit le reste de ses tâches. Mais cela ne signifie pas que ce qu'il fait au moment ainsi réservé n'a pas de lien avec son travail quotidien. Au contraire, l'homme qui cherche de tels moments de la bonne manière trouvera bientôt que c'est justement cela qui lui donne toute la puissance pour accomplir sa tâche quotidienne. Et il ne faut pas supposer que l'observation de cette règle prive vraiment quelqu'un du temps nécessaire pour accomplir ses devoirs. Si une personne n'a vraiment pas plus de temps à sa disposition, cinq minutes par jour suffiront. Le point réel est la manière dont ces cinq minutes sont dépensées.

À ces moments, un homme doit s'élever complètement au-dessus de sa vie quotidienne de travail. Ses pensées et ses sentiments doivent revêtir une coloration différente. Ses joies et ses peines, ses soucis, ses expériences et ses actions doivent passer en revue devant son âme. Et il doit cultiver un état d'esprit qui lui permette de considérer toutes ses autres expériences d'un point de vue plus élevé. Il suffit de se rappeler à quel point le point de vue selon lequel nous considérons les expériences et les actions d'un autre dans la vie ordinaire est différent de celui selon lequel nous jugeons les nôtres. C'est inévitable, car nous sommes intimement liés à nos propres actions et expériences, tandis que nous contemplons seulement celles d'un autre. Notre objectif, dans les moments de retraite, doit être de contempler et de juger nos propres expériences et actions, comme si ce n'était pas nous-mêmes, mais une autre personne à qui elles s'appliquaient. Supposons, par exemple, qu'un certain malheur soit arrivé à quelqu'un. Quelle attitude différente cette personne adopte-t-elle à son égard par rapport à un malheur identique qui est arrivé à son voisin ! Personne ne peut blâmer cette attitude comme injustifiable ; c'est une partie de la nature humaine. Et tout comme c'est le cas dans des circonstances exceptionnelles, c'est aussi le cas dans les affaires quotidiennes de la vie. L'étudiant doit s'efforcer d'atteindre le pouvoir de se considérer lui-même à certains moments comme il considérerait un étranger. Il doit se contempler avec le calme intérieur du critique. Lorsque cela est atteint, nos propres expériences se présentent sous un nouveau jour.

Tant que nous sommes imbriqués en elles et que nous sommes, pour ainsi dire, en leur sein, nous sommes aussi étroitement liés à l'irréel qu'au réel. Lorsque nous parvenons à une observation calme, le réel se sépare de l'irréel. La tristesse et la joie, chaque pensée, chaque résolution, semblent changer lorsque nous nous contemplons de cette manière. C'est comme si nous avions passé toute la journée dans un endroit où nous voyions les plus petits objets au même champ de vision que les plus grands, et le soir montions une colline voisine pour contempler toute la scène d'un seul coup. Alors, les parties de l'endroit prennent des proportions différentes de celles qu'elles avaient lorsqu'elles étaient vues de l'intérieur. La valeur d'une telle contemplation intérieure calme dépend moins de la chose réelle que nous contemplons que du pouvoir que ce calme intérieur développe en nous. Car en chaque être humain, il y a, en plus de ce que nous appelons l'homme du quotidien, un être supérieur. Cet être supérieur reste caché jusqu'à ce qu'il soit éveillé. Et chacun de nous ne peut l'éveiller que pour lui-même. Mais tant que cet être supérieur n'est pas éveillé, les facultés supérieures qui pourraient mener à la connaissance suprasensorielle doivent rester dormantes ou cachées en chaque homme. Ce pouvoir qui mène au calme intérieur est une force magique qui libère certaines facultés supérieures. Jusqu'à ce qu'un chercheur ressente cette force magique en lui, il doit continuer à suivre strictement et sérieusement les règles données. Pour chaque homme qui persévère ainsi, le jour viendra où une lumière spirituelle lui sera révélée, et un tout nouveau monde, dont l'existence était jusqu'alors insoupçonnée, sera discerné par un œil en lui.

Parce qu'il commence à suivre cette règle, il n'est pas nécessaire de modifier quoi que ce soit dans la vie extérieure de l'étudiant. Il accomplit ses devoirs comme auparavant, et d'abord, il endure les mêmes peines et éprouve les mêmes joies qu'autrefois. De aucune manière cela ne l'éloigne de la vie, mais au contraire, il lui permet de s'y consacrer plus entièrement, car dans les moments réservés, il a une Vie Supérieure à lui. Graduellement, cette Vie Supérieure fera sentir son influence sur la vie ordinaire.

Le calme des moments réservés influencera également son existence ordinaire. L'homme entier deviendra plus calme, atteindra la sérénité dans toutes ses actions, et cessera d'être troublé par toutes sortes d'incidents. Graduellement, un étudiant qui avance ainsi se guidera de plus en plus lui-même, et sera moins gouverné par les circonstances et les influences externes. Un tel homme découvrira bientôt quelle grande source de force se trouve pour lui dans ces périodes de contemplation. Il cessera d'être ennuyé par des choses qui autrefois le tourmentaient ; et d'innombrables questions qui autrefois le remplissaient de peur cesseront maintenant de l'alarmer. Il acquiert une nouvelle perspective sur la vie. Autrefois, il pouvait entreprendre telle ou telle tâche avec un sentiment de timidité.

Il se disait : "Je n'ai pas le pouvoir de faire cela aussi bien que je le souhaiterais." Maintenant, il n'admet plus une telle pensée mais, au contraire, en forme une tout à fait différente. Il se dit à lui-même : "Je vais rassembler toutes mes forces pour faire mon travail aussi bien que possible." Et il réprime la pensée qui encourage la timidité ; car il sait que cette timidité même pourrait gâcher son entreprise, et qu'en tout cas elle ne peut rien contribuer à l'amélioration de son travail. Et ainsi une pensée après l'autre, chacune chargée d'avantages pour sa vie entière, commence à pénétrer dans la perspective de l'étudiant. Elles remplacent celles qui avaient un effet entravant et affaiblissant. Il commence à diriger son propre navire, sur une voie ferme et sûre, parmi les vagues de la vie, qui autrefois le ballottaient sans but.

Et ce calme et cette sérénité réagissent sur tout l'être. Ils aident à la croissance de l'homme intérieur et de ces facultés intérieures qui mènent à une connaissance supérieure. Car c'est par son progrès dans cette direction que l'étudiant atteint progressivement un état où il détermine lui-même la manière dont les impressions du monde extérieur doivent l'affecter. Ainsi, il peut entendre un mot, prononcé dans le but de le blesser ou de l'irriter. Avant de commencer ses études occultes, cela aurait en effet été douloureux ou irritant. Mais maintenant qu'il est sur le Chemin du Disciple, il est capable d'en retirer le venin ou le pouvoir de blesser, même avant qu'il n'entre dans sa conscience. Prenons un autre exemple : nous devenons naturellement impatients lorsque nous sommes obligés d'attendre, mais l'étudiant est tellement imprégné, dans ses moments de calme, de la réalisation de l'inutilité de l'impatience, que ce calme est présent avec lui en toute occasion. L'impatience qui l'aurait naturellement submergé disparaît, et un intervalle qui aurait autrement été gaspillé dans l'expression de l'impatience peut être utilisé en faisant une observation profitable pendant la période d'attente.

Maintenant, nous devons réaliser la signification de ces faits. Nous devons nous rappeler que le "Être Supérieur" en l'homme est en développement constant, et que seul l'état de calme et de sérénité ici décrit rend possible un développement ordonné. Les vagues de la vie extérieure pressent sur l'homme intérieur de tous côtés, si, au lieu de contrôler cette vie extérieure, il est contrôlé par elle. Un tel homme est comme une plante qui essaie de s'étendre dans une fissure dans le rocher, et qui est freinée dans sa croissance jusqu'à ce qu'un nouvel espace lui soit donné. Aucune force extérieure ne peut fournir d'espace pour l'homme intérieur ; seul l'homme intérieur peut le fournir par le calme intérieur qu'il peut donner à son âme. Les circonstances extérieures ne peuvent que modifier le cours de sa vie extérieure ; elles ne peuvent jamais éveiller l'homme intérieur spirituel. L'étudiant doit lui-même donner naissance à l'homme nouveau et supérieur en lui.

L'homme supérieur devient le "Roi intérieur", qui dirige les circonstances de l'homme extérieur avec une guidance sûre. Tant que ce dernier a le dessus, cet homme intérieur est asservi et ne peut donc pas développer ses pouvoirs. Si quelqu'un d'autre que moi a le pouvoir de me mettre en colère, je ne suis pas maître de moi-même, ou, pour le dire mieux, je n'ai pas encore trouvé "le Roi en moi". Je dois développer le pouvoir intérieur de laisser les impressions du monde extérieur m'approcher seulement de la manière que je choisis ; alors seulement je deviens vraiment un étudiant en occultisme. Et ce n'est qu'en s'efforçant sérieusement d'acquérir ce pouvoir qu'un étudiant peut atteindre le but. Il n'est pas aussi important d'accomplir beaucoup en un temps donné que d'être sérieux dans la recherche. Beaucoup ont lutté pendant des années sans remarquer de progrès marqués ; mais beaucoup de ceux qui n'ont pas désespéré et ont lutté sans peur ont parfois subitement atteint la "victoire intérieure".

Dans de nombreuses situations, il faut beaucoup d'efforts pour atteindre ces moments de calme intérieur. Mais plus l'effort est nécessaire, plus l'accomplissement est important. Dans les études ésotériques, tout dépend de l'énergie, de la sincérité intérieure et de la sincérité intransigeante avec lesquelles nous nous contemplons et contemplons nos actions du point de vue de parfaits étrangers.

Mais seulement un côté de l'activité intérieure de l'étudiant est caractérisé par cette naissance de son propre être supérieur. Quelque chose d'autre est nécessaire en plus. Même si un homme se considère comme un étranger, c'est seulement lui-même qu'il contemple ; il regarde ces expériences et actions, avec lesquelles il est lié, à travers son mode de vie particulier, alors qu'il est nécessaire pour lui de s'élever au-dessus de cela, et d'atteindre à un point de vue purement humain, de ne plus être lié à ses propres circonstances individuelles. Il doit passer à la contemplation de ces choses qui le concernent en tant qu'être humain, même s'il habite dans une condition et des circonstances différentes. De cette manière, quelque chose naît en lui qui dépasse le point de vue personnel. Ainsi son regard est dirigé vers des mondes plus élevés que ceux qu'il connaît dans la vie quotidienne. Et alors il commence à sentir et à réaliser qu'il appartient à ces mondes supérieurs dont ses sens et ses occupations quotidiennes ne peuvent rien lui dire. De cette façon, il déplace le point central de son être vers la partie intérieure de sa nature. Il écoute les voix en lui qui lui parlent dans ses moments de calme ; et intérieurement, il entretient une relation avec le monde spirituel, qui l'éloigne du monde quotidien, dont il n'entend plus les voix. Autour de lui, c'est le silence. Il éloigne de lui tout son environnement extérieur, et tout ce qui même lui rappelle de telles impressions extérieures. Toute son âme est remplie de calme, de contemplation intérieure et de dialogue avec le monde spirituel pur. Cette contemplation calme doit devenir une nécessité pour l'étudiant. Il est plongé complètement dans un monde de pensée, et doit développer un désir ardent de pensée calme.

Il doit apprendre à aimer l'afflux de l'esprit. Alors il apprendra à considérer ce monde de pensée et ses formes de pensée comme plus réels que les choses quotidiennes qui l'entourent, et il commencera à traiter les pensées comme des choses existant dans l'espace. Et puis le moment est venu où les révélations de sa pensée calme commencent à sembler beaucoup plus élevées et plus réelles que les choses existant dans l'espace. Il découvre que ce monde de pensée est une expression de la vie, et réalise que les pensées ne sont pas de simples fantômes, mais que à travers elles, des êtres, qui étaient cachés auparavant, lui parlent maintenant. Il commence à entendre des voix à travers le silence. Autrefois, son oreille était le seul organe de l'ouïe ; maintenant il peut écouter avec son âme. Un langage intérieur et une voix intérieure lui sont révélés. C'est un moment d'extase suprême pour l'étudiant lorsque cette expérience lui vient pour la première fois. Une lumière intérieure inonde le monde extérieur pour lui, et il est "né de nouveau". À travers son être passe un courant d'un monde divin, apportant avec lui une béatitude divine.

Cette vie de pensée de l'âme, qui s'élargit progressivement en une vie d'être spirituel, est désignée par la Gnose et par la Théosophie comme la méditation (la pensée contemplative). Cette méditation est le moyen par lequel la connaissance suprasensorielle est atteinte. Mais pendant de tels moments, l'étudiant ne doit pas se contenter du luxe de la sensation. Il ne doit pas permettre à des sentiments indéfinis de s'emparer de son âme. Cela ne ferait que lui nuire dans l'acquisition d'une véritable connaissance spirituelle. Ses pensées doivent être clairement et nettement définies, et il sera aidé en cela en ne se laissant pas emporter aveuglément par les pensées qui surgissent en lui. Il doit plutôt imprégner son esprit des idées élevées qui ont été originairement conçues par des étudiants avancés à qui l'inspiration est déjà venue. Qu'il commence d'abord par étudier la sagesse qui a pris naissance dans de tels moments de méditation. L'étudiant trouvera cela dans la littérature mystique, gnostique et théosophique de notre temps, et y trouvera le matériau pour sa méditation.

Des sages ont inscrit dans ces livres les pensées de la science divine, ou les ont proclamées au monde par leurs agents. Une telle méditation produit une transformation complète chez l'étudiant. Il commence à former des conceptions entièrement nouvelles de la Réalité. Toutes choses acquièrent des valeurs fraîches à ses yeux. Et on ne peut jamais déclarer assez souvent que cette transformation ne l'éloigne pas du monde ni ne le prive de ses devoirs quotidiens. Car il commence à réaliser que ses actions ou expériences les plus insignifiantes sont en étroite connexion avec les grands êtres et événements cosmiques. Lorsque cette connexion lui est révélée dans ses moments de contemplation, il est doté d'un pouvoir plus frais et plus puissant pour ses devoirs quotidiens. Car alors il sait que son travail et sa souffrance sont donnés et endurés pour le bien d'un grand tout cosmique spirituel. Ainsi, au lieu de la fatigue, sa méditation lui donne la force de vivre.

L'étudiant avance dans la vie avec un pas ferme. Peu importe ce que cela peut lui apporter, il avance droit devant lui. Dans le passé, il ne savait pas pourquoi il travaillait et souffrait, mais maintenant il sait. Il est évident que cette méditation est plus susceptible de conduire au but, si elle est menée sous la direction de personnes expérimentées, qui savent réellement comment tout peut être fait de la meilleure manière possible. Nous devrions donc rechercher les conseils et la direction de ces guides expérimentés (on les appelle Gurus dans certaines écoles de pensée). Ce qui serait autrement une simple tâtonnement incertain est transformé par une telle direction en un travail sûr de son but. Ceux qui s'adressent aux enseignants ayant une telle connaissance et expérience ne demanderont jamais en vain. Ils doivent cependant être tout à fait sûrs qu'ils désirent les conseils d'un ami, pas la domination d'un prétendu dirigeant. Ceux qui savent vraiment sont toujours les hommes les plus modestes, et rien n'est plus éloigné de leur nature que ce qu'on appelle la passion du pouvoir.

Ceux qui, par la méditation, s'élèvent vers ce qui unit l'homme à l'esprit, font naître en eux l'élément éternel qui n'est pas limité par la naissance ni par la mort. Seuls ceux qui n'ont pas eu d'expérience par eux-mêmes peuvent douter de l'existence de cet élément éternel. Ainsi la méditation devient le moyen par lequel l'homme atteint également la reconnaissance et la contemplation de son être éternel, indestructible et essentiel. Et ce n'est qu'à travers la méditation qu'on peut parvenir à une telle vision de la vie. La Gnose et la Théosophie parlent de la nature éternelle de cet être essentiel et de sa réincarnation. La question est souvent posée : "Pourquoi un homme ne sait-il rien de ces expériences qui se situent au-delà des frontières de la naissance et de la mort ?" Ce n'est pas ainsi que nous devrions demander, mais plutôt : "Comment pouvons-nous parvenir à une telle connaissance ?" L'entrée sur le Chemin est ouverte par la méditation correcte. Elle seule peut raviver la mémoire des événements qui se trouvent au-delà des frontières de la naissance et de la mort. Chacun peut parvenir à cette connaissance ; en chacun de nous réside la faculté de reconnaître et de contempler par nous-mêmes les vérités de la Mystique, de la Théosophie et de la Gnose ; mais les moyens appropriés doivent être choisis. Seul un être doté d'oreilles et d'yeux peut percevoir les tons et les couleurs, et l'œil ne peut percevoir sans la lumière par laquelle les choses sont rendues visibles. La science occulte donne les moyens de développer les oreilles et les yeux spirituels, et d'allumer la lumière spirituelle. Selon les enseignants ésotériques, il existe trois étapes par lesquelles le but peut être atteint :

1. L'épreuve. Cela développe les sens spirituels. 2. L'illumination. Cela allume la lumière spirituelle. 3. L'initiation. Cela établit une relation avec les êtres spirituels supérieurs. Les enseignements suivants proviennent d'une tradition secrète, mais des informations précises concernant sa nature et son nom ne peuvent pas être données actuellement. Ils se réfèrent aux trois étapes qui, dans l'école de cette tradition, mènent à un certain degré d'initiation. Mais ici, nous ne trouverons que ce qui peut être déclaré ouvertement de cette tradition. Ces enseignements sont extraits d'une doctrine beaucoup plus profonde et plus secrète. Dans les écoles occultes elles-mêmes, un cours d'instruction défini est suivi, et en plus de cela, il existe certaines pratiques qui permettent aux âmes des hommes d'atteindre une relation consciente avec le monde spirituel. Ces pratiques sont dans le même rapport avec ce qui sera enseigné dans les pages suivantes que l'enseignement donné dans une école bien disciplinée l'est avec l'instruction qui peut être reçue occasionnellement lors d'une promenade.

Et pourtant, la recherche ardente et persévérante de ce qui est ici suggéré conduira à la voie par laquelle on obtient l'accès à une véritable école occulte. Mais bien sûr, une lecture impatiente, dénuée de sincérité et de persévérance, ne peut aboutir à rien du tout. Celui qui se croit prêt pour plus doit s'adresser à un enseignant occulte. L'étude de ces choses ne peut être couronnée de succès que si l'étudiant observe ce qui a déjà été écrit dans les chapitres précédents.

Les étapes spécifiées par la tradition mentionnée ci-dessus sont les trois suivantes :

I. L'épreuve,
II. L'illumination,
III. L'initiation.

Il n'est pas absolument nécessaire que ces trois étapes soient ainsi prises de telle sorte qu'il faille avoir complètement achevé la première avant de commencer la seconde, ni que celle-ci à son tour avant de commencer la troisième. Pour certaines choses, on peut participer à l'Illumination, voire à l'Initiation, tandis que pour d'autres, on est encore dans la phase probatoire. Cependant, il sera nécessaire de passer un certain temps dans cette étape d'épreuve avant que toute illumination puisse commencer, et au moins dans une certaine mesure, il faut être éclairé avant qu'il soit possible d'entrer dans la phase d'Initiation. En en rendant compte, cependant, il est nécessaire, pour des raisons de clarté, que les trois étapes suivent l'une après l'autre.

IV. PROBATION

La période de probation consiste en une stricte cultivation de la vie émotionnelle et mentale. Grâce à cette cultivation, le "corps spirituel" se dote de nouveaux instruments de perception et de nouveaux organes d'activité, tout comme, à partir de matière vivante indéterminée, les forces naturelles ont équipé le corps physique des divers organes bien connus des sens physiques.

Le début de cette cultivation est initié en dirigeant l'attention de l'âme vers certains événements dans le monde qui nous entoure. Ces événements sont la germination, l'expansion et l'épanouissement de la vie dans ses myriades de formes d'une part, et, d'autre part, le flétrissement, la décomposition et la disparition de la vie de toutes choses autant que perceptibles par les sens ordinaires. Partout où nous tournons nos yeux, nous pouvons observer ces choses se produire simultanément, et partout elles évoquent naturellement chez les hommes des pensées et des sentiments. Mais dans des circonstances ordinaires, un homme ne saisit pas l'importance de ces sensations. Il se presse trop rapidement d'une impression à l'autre. Ce qui est nécessaire, donc, c'est qu'il fixe son attention intensément et tout à fait consciemment sur ces phénomènes. Partout où il observe une expansion et un épanouissement d'un certain type, il doit chasser tout le reste de son âme, et se livrer entièrement pour un court laps de temps à cette seule impression. Il se convaincra bientôt qu'une sensation qui jusqu'à présent, dans un cas similaire, aurait simplement traversé son âme, est maintenant tellement amplifiée qu'elle devient d'une nature puissante et énergique. Il devrait permettre à cette forme-pensée de résonner dans tout son être, mais silencieusement en lui-même, et pour ce faire, il doit devenir intérieurement tout à fait calme. Il devrait s'éloigner du monde extérieur et ne suivre que ce que son âme lui dit.

Pourtant, il ne faut pas penser que nous pouvons faire beaucoup de progrès si nous émoussons nos sens au monde. Car, il faut d'abord contempler ces objets aussi nettement et précisément que possible, puis se livrer aux sensations qui en résultent, et aux pensées qui surgissent dans l'âme. Ce qui est le plus important, c'est que l'on dirige l'attention, avec un équilibre intérieur parfait, sur ces deux phénomènes. Si l'on obtient le calme nécessaire et que l'on se livre à ce qui surgit dans l'âme, on éprouvera, en temps voulu, de nombreuses pensées et sentiments merveilleux, inconnus auparavant. En effet, plus on fixe l'attention de cette manière, alternativement sur quelque chose qui croît, s'expande et s'épanouit, et sur quelque chose d'autre qui se fane et se décompose, plus vives deviendront ces sensations. Et tout comme les forces naturelles évoluent les yeux et les oreilles physiques du corps physique, à partir de la matière vivante, ainsi les organes de clairvoyance évolueront-ils à partir des sentiments spirituels ainsi évoqués. Une forme-pensée définie s'unit à l'objet germinatif et en expansion, et une autre, tout aussi définie, avec ce qui est en train de faner et de se décomposer. Mais cela ne se produira que si la cultivation de ces sentiments est recherchée de la manière décrite.

Il est possible de décrire seulement approximativement à quoi ressemblent ces sentiments. En effet, chacun doit arriver à sa propre conception d'eux en passant par ces expériences intérieures. Celui qui a fréquemment fixé son attention sur les phénomènes de germination, d'expansion et d'épanouissement, ressentira quelque chose de vaguement semblable à la sensation provoquée par le fait d'assister à un lever de soleil ; et les phénomènes de flétrissement et de décomposition produiront en lui une expérience comparable, de la même manière, à l'élévation progressive de la lune à l'horizon. Ces deux sensations sont des forces qui, lorsqu'elles sont soigneusement cultivées, avec une amélioration continuellement croissante, conduiront aux plus grands résultats occultes. Pour celui qui se livre encore et encore, systématiquement et avec dessein, à de tels sentiments, un nouveau monde s'ouvre. Le monde "Spirituel", le soi-disant "plan Astral", commence à se lever devant lui. L'éclosion et le flétrissement sont des faits qui ne lui font plus d'impressions indéfinies, comme autrefois, mais se forment en lignes et figures spirituelles dont il n'avait auparavant soupçonné l'existence. Et ces lignes et figures ont pour les différents phénomènes différentes formes. Une fleur en éclosion, un animal qui grandit, un arbre qui se décompose, évoquent dans son âme des lignes définies. Le plan astral s'élargit lentement devant lui. Ses formes ne sont en aucun sens arbitraires. Car deux étudiants qui se trouvent au même stade de développement verront toujours les mêmes lignes et figures dans les mêmes conditions. Tout aussi certainement qu'une table ronde sera vue comme ronde par deux personnes normales, et non pas ronde par l'une et carrée par l'autre ; de même, devant la perception de deux âmes, une fleur en éclosion présentera la même forme spirituelle. Et tout comme les formes d'animaux et de plantes sont décrites dans l'histoire naturelle ordinaire, de même, le professeur dans une école occulte décrit et dessine les formes spirituelles des processus de croissance et de décomposition selon leur nature et leur espèce.

Si l'étudiant a progressé au point de pouvoir voir de tels aspects de phénomènes qui sont également physiquement observables avec ses yeux externes, il ne sera alors pas loin de la condition qui lui permettra de contempler des choses qui n'ont pas d'existence physique, et doivent donc rester entièrement cachées à ceux qui n'ont subi aucun entraînement dans une école occulte.

Il convient de souligner que l'explorateur occulte ne devrait jamais se perdre dans la spéculation sur la signification de ceci ou cela. Par de telles spéculations intellectuelles, il se détourne seulement du bon chemin. Il devrait regarder le monde des sens avec fraîcheur, avec des sens sains et une observation éveillée, puis se livrer à ses propres sensations. Il ne devrait pas souhaiter, de manière spéculative, comprendre ce que ceci ou cela signifie, mais plutôt laisser les choses elles-mêmes l'informer.

Un autre point important est ce que l'on appelle en science occulte "l'orientation dans les mondes supérieurs." Ce point est atteint quand on réalise avec une conscience complète que les sentiments et les pensées sont de véritables réalités, tout autant que le sont les tables et les chaises dans le monde des sens physiques. Les sentiments et les pensées agissent l'un sur l'autre dans le monde astral et dans le monde de la pensée (ou mental), tout comme les objets des sens agissent les uns sur les autres dans le monde physique. Tant que quelqu'un n'est pas vraiment imprégné de cette réalisation, il ne croira pas qu'une pensée malveillante projetée de son esprit puisse avoir un effet aussi dévastateur sur d'autres formes-pensées que celui causé sur les objets physiques par une balle tirée au hasard. Un tel individu ne cherchera peut-être jamais à effectuer une action physiquement visible qu'il considère comme mauvaise, mais il ne reculera pas devant l'idée de nourrir des pensées ou des sentiments malveillants, car ceux-ci ne lui semblent pas dangereux pour le reste du monde. Néanmoins, nous pouvons progresser dans la science occulte seulement lorsque nous gardons nos pensées et nos sentiments de la même manière qu'un homme guiderait les pas qu'il fait dans le monde physique. Si quelqu'un voit un mur devant lui, il ne tente pas de le traverser, mais dirige sa course le long de celui-ci ; en d'autres termes, il se guide par les lois du monde physique.

Il existe également de telles lois dans le monde de la pensée et du sentiment, mais là, elles ne peuvent pas s'imposer à nous de l'extérieur. Elles doivent découler de la vie de l'âme elle-même. Nous parvenons à une telle condition lorsque nous nous interdisons, à tout moment, de nourrir des pensées ou des sentiments erronés. Tous les va-et-vient arbitraires, toutes les fantaisies vaines, toutes les fluctuations émotionnelles accidentelles doivent être interdits de la même manière. Mais, en faisant cela, qu'il ne soit pas pensé que nous entraînons une déficience émotionnelle. Au contraire, si nous régulons notre vie intérieure de cette manière, nous nous trouverons rapidement riches en sentiments et en imagination créative véritable. Au lieu d'un simple chaos de petits sentiments et de trains de pensées fantaisistes, apparaissent des émotions significatives et des pensées fécondes, et ce sont des émotions et des pensées de cette sorte qui conduisent un homme à "l'orientation dans le monde supérieur".

Il est entré dans la bonne condition pour les choses de ce monde, et elles entraînent pour lui des conséquences définies. Tout comme un homme physique trouve son chemin entre des choses physiques, de même, son chemin le mène maintenant droit entre ce qui croît et ce qui flétrit, qu'il a déjà appris de la manière décrite ci-dessus. Car il suit tous les processus de croissance et d'épanouissement, (et, d'autre part, de flétrissement et de décomposition) qui sont nécessaires à sa propre prospérité et à celle du monde.

L'étudiant occulte doit également accorder une attention particulière au monde du son. Il doit faire la distinction entre les tons produits à partir des corps dits inertes (sans vie) (par exemple, une cloche, un instrument de musique, ou une masse tombante), et ceux qui émanent d'un être vivant (un animal ou une personne). Celui qui entend le tintement d'une cloche recevra le son et y attachera une certaine sensation, mais celui qui entend le cri d'un animal percevra, en plus de cette sensation, que le son révèle aussi une expérience intérieure de l'animal, soit de la douleur soit du plaisir. L'étudiant est concerné par cet aspect du son.

Il doit concentrer toute son attention dessus, de sorte que le son lui révèle quelque chose qui se situe en dehors de son propre âme, et, plus que cela, il doit se fondre dans cette chose extérieure. Il doit étroitement lier sa propre émotion avec le plaisir ou la douleur qui lui sont communiqués par le biais du son, et ne doit se soucier en rien que le son lui soit agréable ou désagréable, bienvenu ou non ; son âme ne doit être remplie que de ce qui émane de la créature à partir de laquelle le son est venu. Celui qui effectue systématiquement et délibérément de tels exercices développera en lui-même la faculté de se mêler, pour ainsi dire, à la créature dont le son a émané. Une personne sensible à la musique trouvera plus facile de cultiver sa vie spirituelle à cet égard qu'une personne non musicale, mais personne ne devrait penser qu'un simple sens de la musique remplacera cette culture.

En tant qu'étudiant occulte, on doit apprendre à contempler toute la nature de cette manière. En le faisant, une nouvelle faculté se développe dans le monde de la pensée et du sentiment. À travers ses nombreux sons, toute la Nature commence à murmurer des secrets à l'étudiant. Ce qui était jusqu'ici simplement un bruit incompréhensible pour son âme deviendra par ce moyen un langage cohérent de la Nature. Et tandis qu'auparavant, il n'entendait le son que par la résonance d'objets dits inanimés, il comprend maintenant un nouveau langage de l'âme. S'il progresse dans cette culture de l'âme, il apprendra bientôt qu'il peut entendre ce qu'auparavant il ne soupçonnait même pas. Il commence à entendre avec l'âme.

Une autre chose doit être ajoutée avant que nous puissions atteindre le sommet dans cette direction. Ce qui est d'une importance particulière dans le développement de l'étudiant, c'est la manière dont il entend le discours des autres hommes. Il doit s'accoutumer à le faire de telle manière que pendant ce temps, son moi intérieur soit absolument calme. Si quelqu'un exprime une opinion et qu'un autre l'entend, le moi intérieur de ce dernier sera agité par une assentiment ou une contradiction générale. Beaucoup de gens, dans un tel cas, se sentent poussés à exprimer leur assentiment, ou plus particulièrement leur contradiction. Tout tel assentiment ou contradiction doit, chez l'étudiant occulte, être tu. Il n'est pas impératif qu'il doive, par conséquent, soudainement commencer à rendre sa vie entièrement différente, afin qu'il puisse atteindre à ce calme intérieur et fondamental. Il pourrait donc commencer par le faire dans des cas spéciaux, délibérément sélectionnés par lui-même. Ainsi, lentement et progressivement, cette nouvelle façon d'écouter s'insinuera dans ses habitudes, comme d'elle-même : Dans les écoles occultes, ces choses sont pratiquées systématiquement. Pour des raisons de pratique, l'étudiant est obligé d'écouter pendant une certaine période les pensées les plus contradictoires, et en même temps de réprimer tout assentiment, et plus particulièrement toute critique adverse. Le point est qu'ainsi non seulement tout jugement intellectuel est tu, mais aussi tout sentiment de mécontentement, de refus, ou même d'acceptation. L'étudiant doit être particulièrement vigilant pour que de tels sentiments, même s'ils ne sont pas en surface, ne demeurent pas cachés dans les recoins les plus profonds de son âme. Il doit écouter, par exemple, les déclarations de personnes qui, à certains égards, sont bien en deçà de lui, et, tout en le faisant, réprimer tout sentiment de supériorité ou de connaissance supérieure. Il est utile pour chacun d'écouter de cette manière les enfants, car même les plus sages peuvent beaucoup apprendre des enfants.

C'est ainsi que nous entendons les paroles des autres de manière impersonnelle, complètement dépourvues de notre propre personnalité avec ses opinions et ses sentiments. Celui qui fait ainsi une pratique d'écoute non critique, même lorsque qu'une opinion complètement contradictoire est avancée, apprend encore et encore à se fondre, à s'identifier, avec l'être d'un autre. Il entend alors, pour ainsi dire, à travers les mots et dans les âmes des autres. À travers un exercice continu de ce genre seulement, le son devient le bon médium pour la révélation de l'esprit et de l'âme. Bien sûr, cela implique la plus stricte discipline de soi, mais cela mène à un but élevé. Lorsque ces pratiques sont entreprises en relation avec celles qui traitent des sons de la Nature, l'âme développe un nouveau sens de l'ouïe. Elle est capable de recevoir des démonstrations du monde spirituel qui ne trouvent pas leur expression dans des sons extérieurs perceptibles par l'oreille physique. La perception du "mot intérieur" s'éveille. Graduellement, des vérités du monde spirituel se révèlent à l'étudiant, et il les entend exprimées d'une manière spirituelle.

Toutes les hautes vérités sont atteintes grâce à un tel "encouragement intérieur", et ce que nous entendons des lèvres d'un véritable enseignant occulte a été vécu de cette manière. En disant cela, il ne faut pas supposer qu'il est inutile de se familiariser avec les écrits sur la science occulte, avant de pouvoir réellement acquérir cet encouragement intérieur. Au contraire, la lecture de tels écrits et l'écoute d'éminents enseignants de la sagesse occulte sont eux-mêmes les moyens d'atteindre une connaissance personnelle. Chaque phrase de la sagesse ésotérique que l'on entend est adaptée pour diriger les sens vers le point qui doit être atteint avant que l'âme puisse faire un réel progrès. À la pratique de tout ce qui a été indiqué, doit s'ajouter une étude ardente de ce que l'enseignant occulte donne au monde. Dans toutes les écoles occultes, une telle étude appartient à la période probatoire, et celui qui voudrait employer d'autres méthodes n'atteindra aucun but s'il omet les instructions de l'enseignant occulte, car dans la mesure où ces instructions émanent d'un "mot intérieur" réel, d'un "encouragement" réel, elles possèdent en elles-mêmes une vitalité spirituelle. Ce ne sont pas de simples mots ; ce sont des pouvoirs vivants ; et tandis que vous suivez les mots d'un occultiste, tandis que vous lisez un livre qui provient d'une expérience intérieure authentique, des pouvoirs agissent dans votre âme qui vous rendent clairvoyant, tout comme les forces naturelles ont créé à partir de la matière vivante vos yeux et vos oreilles.

V. L'ÉVEIL

L'illumination est le résultat de processus très simples. Ici aussi, il s'agit de développer certains sentiments et pensées qui sont dormants en chaque être humain, mais qui doivent être éveillés. Seul celui qui mène à bien ces processus simples avec une patience complète, de manière continue et soutenue, peut être conduit par eux à la réception d'une illumination intérieure. La première étape est franchie en observant d'une manière particulière différents objets naturels : une pierre transparente de belle forme (un cristal), une plante et un animal. On devrait d'abord s'efforcer de diriger toute son attention vers une comparaison entre la pierre et l'animal, comme suit : Les pensées qui, accompagnées d'émotions fortes, sont ainsi induites, doivent traverser l'âme, et aucune autre émotion ou pensée ne doit se mêler à elles, ou perturber la contemplation intense. On se dit alors : "La pierre a une forme et l'animal a aussi une forme. La pierre reste immobile à sa place, mais l'animal est capable de se déplacer. C'est l'impulsion (le désir) qui pousse l'animal à changer de place, et ce sont ces impulsions auxquelles la forme de l'animal est utile. Ses organes et instruments sont l'expression de ces impulsions. La forme de la pierre, au contraire, est façonnée, non pas en accord avec des impulsions, mais en accord avec une force sans impulsion."

Si l'on plonge profondément dans de telles pensées, tout en observant la pierre et l'animal avec une attention soutenue, alors surgissent dans l'âme deux types d'émotions distincts. De la pierre dans l'âme émane un type d'émotion, et de l'animal, un autre. Probablement, au début, l'expérience ne réussira pas, mais petit à petit, avec une pratique authentique et patiente, ces émotions deviennent manifestes. Encore et encore, on devrait pratiquer. Au début, les émotions ne durent que pendant la contemplation. Plus tard, elles agissent ensuite, et alors elles se développent en quelque chose qui reste vivant dans l'âme. On n'a alors besoin que de réfléchir, et les deux émotions surgissent invariablement, en dehors de toute contemplation d'un objet extérieur.

À partir de ces émotions, et des pensées qui y sont liées, des organes clairvoyants se forment. Si la plante est ajoutée à la contemplation, on remarquera que le flux de sentiments qui en émane, tant dans sa qualité que dans son degré, se situe entre celui qui émane de la pierre et celui qui émane de l'animal. Les organes qui se forment ainsi sont des yeux spirituels. Nous apprenons progressivement, au moyen d'eux, à voir aussi bien les couleurs astrales que les couleurs mentales. Tant que l'on n'a atteint que la condition décrite comme Probation, le monde spirituel avec ses lignes et ses figures reste sombre, mais grâce à l'Éveil, il deviendra clair.

Il doit être noté ici que les termes "sombre" et "clair", ainsi que les autres expressions courantes, ne décrivent qu'approximativement ce qui est réellement voulu ; car le langage tel qu'il est généralement compris est construit pour répondre aux seules conditions physiques. La science occulte décrit ce qui émane de la pierre et est vu par des yeux clairvoyants comme "bleu" ou "bleu-rougeâtre", et ce qui est observé comme provenant de l'animal est décrit comme "rouge" ou "jaune-rougeâtre". En réalité, ce sont des couleurs d'un genre spirituel qui sont discernées. La couleur émanant de la plante est "verte". Les plantes sont justement ces phénomènes naturels dont les qualités dans les mondes supérieurs sont similaires à leurs qualités dans le monde physique, mais il n'en va pas de même pour les pierres et les animaux. Il faut maintenant comprendre clairement que les couleurs mentionnées ci-dessus ne suggèrent que les nuances prédominantes de la pierre, de la plante ou de l'animal. En réalité, toutes les nuances possibles existent, car chaque animal, chaque pierre, chaque plante a sa propre teinte particulière. En plus de celles-ci, il y a les créatures des mondes supérieurs, qui s'incorporent toujours avec des couleurs qui ne leur sont pas propres, souvent merveilleuses, souvent horribles. En bref, la variété des couleurs dans ces mondes supérieurs est incommensurablement plus grande que dans le monde physique.

Si un homme a une fois acquis la faculté de voir avec des yeux spirituels, il rencontrera tôt ou tard les êtres ici mentionnés, certains d'entre eux plus élevés, d'autres moins élevés que l'homme lui-même ; des êtres qui ne sont jamais entrés dans l'existence physique. Lorsqu'il est parvenu si loin, beaucoup de choses lui sont ouvertes ; mais il est déconseillé de poursuivre plus loin sans un guide expérimenté. En effet, pour tout ce qui a été décrit ici, un tel guide expérimenté est souhaitable, et celui qui a l'endurance de remplir les conditions élémentaires de l'illumination cherchera assurément et trouvera son guide.

Dans toutes les circonstances, il est important de donner l'avertissement, et celui qui ne le prend pas en compte ferait mieux de laisser inexplorées toutes les étapes de la science occulte. Il est nécessaire que celui qui voudrait devenir un étudiant occulte ne perde aucun de ses attributs en tant qu'homme bon et noble, et qu'il soit sensible à toutes les vérités physiques. En effet, tout au long de son apprentissage, il doit continuellement accroître sa force morale, sa pureté intérieure et ses pouvoirs d'observation. Prenons un exemple : Pendant les pratiques préliminaires de l'Éveil, l'étudiant doit veiller toujours à élargir sa sympathie avec les mondes animal et humain, et son sens de la beauté de la nature. S'il ne prend pas soin de le faire, il engourdit continuellement à la fois le sens et le sentiment ; son cœur se refroidit et ses sympathies se rétrécissent ; ce qui conduit à des résultats périlleux.

Comment l'illumination procède-t-elle, dans le sens des pratiques ci-dessus, si l'on passe de la pierre, de la plante et de l'animal, à l'homme, et comment, après l'illumination, dans toutes les circonstances, la main douce du pilote vient-elle un jour, et conduit à l'Initiation — de ces choses, le prochain chapitre traitera autant qu'il le peut et qu'il le peut.

À notre époque, le chemin de la science occulte est recherché par beaucoup. Il est recherché de diverses manières, et beaucoup de modes dangereux, voire répréhensibles, sont pratiqués. C'est pourquoi ceux qui connaissent la vérité et les dangers concernant ces choses ont permis qu'une plus grande partie de la formation occulte et l'avertissement nécessaire soit publiée. Seule la quantité autorisée est ici communiquée, et il est nécessaire qu'une partie de la vérité soit connue afin de contrer le grand danger de ces erreurs. Si rien n'est forcé, il n'y a aucun danger pour celui qui suit le chemin déjà décrit ; seule une chose devrait être notée : personne ne devrait consacrer plus de temps ou de puissance à de telles pratiques que ce qui est à sa disposition compte tenu de ses circonstances et de ses devoirs. Personne ne devrait soudainement changer quoi que ce soit dans les conditions externes de sa vie. Si l'on désire de véritables résultats, il faut de la patience ; on devrait être capable d'arrêter la pratique après quelques minutes, et ensuite continuer paisiblement son travail quotidien, et aucune pensée concernant ces pratiques ne devrait être mêlée au travail de la journée. Celui qui n'a pas appris à attendre, dans le meilleur et le plus haut sens du mot, n'est d'aucune utilité en tant qu'étudiant occulte, et il n'atteindra jamais de résultats de grande valeur réelle.

Celui qui cherche la connaissance occulte, par les moyens indiqués dans les pages précédentes, doit se fortifier tout au long de ses efforts en comprenant qu'après avoir persévéré pendant un certain temps, il peut avoir progressé de manière appropriée sans en être conscient de la manière précise qu'il avait prévue. Celui qui ne se souvient pas de cela risque de perdre courage et, peu de temps après, d'abandonner ses efforts complètement. Les pouvoirs mentaux et facultés sur le point de se développer sont d'abord de la plus subtile nature, et leur nature diffère entièrement des conceptions qu'on peut en avoir dans l'esprit de l'étudiant. Il a l'habitude de s'occuper uniquement du monde physique, et les mondes mental et astral semblent échapper à son regard et déjouer ses conceptions. Il n'est donc pas étonnant que, au début, il échoue à réaliser les nouvelles forces, mentales et astrales, qui se développent en son propre être. C'est pourquoi il est dangereux d'entrer sur le chemin menant à la connaissance occulte sans un guide expérimenté. Le professeur peut voir les progrès réalisés par l'élève bien avant que ce dernier en soit conscient lui-même. Il voit les délicats organes de la vision spirituelle commencer à se former, avant que l'élève ne soit conscient de leur existence, et une grande partie des devoirs du professeur consiste en une vigilance perpétuelle, de peur que le disciple ne perde confiance, patience et persévérance avant de devenir conscient de ses propres progrès. Le professeur, comme nous le savons, ne peut conférer à l'étudiant aucun pouvoir qui ne soit pas déjà latent en lui, et sa seule fonction est d'aider à l'éveil de facultés endormies. Mais il peut être un pilier de force pour celui qui s'efforce de pénétrer à travers l'obscurité dans la lumière.

Il y en a beaucoup qui quittent le chemin occulte peu de temps après y avoir mis les pieds, parce qu'ils ne sont pas immédiatement conscients de leurs propres progrès. Et même lorsque des expériences supérieures commencent à se dessiner pour le chercheur, il a tendance à les considérer comme des illusions, car il les avait anticipées de manière tout à fait différente. Il perd courage, soit parce qu'il considère ces premières expériences comme sans valeur, soit parce qu'elles lui semblent si insignifiantes qu'il n'a aucun espoir qu'elles conduisent à des résultats appréciables dans un temps mesurable. Le courage et la confiance en soi sont les deux lampes qui ne doivent jamais être autorisées à s'éteindre sur le chemin de l'occulte. Celui qui ne peut pas répéter patiemment un exercice qui a échoué un nombre apparemment illimité de fois ne parcourra jamais loin.

Bien avant que l'on soit conscient d'une perception distincte du progrès, vient une impression mentale inarticulée que le bon chemin a été trouvé. C'est un sentiment à accueillir et à encourager, car il peut évoluer en un guide fiable. Avant tout, il est impératif d'extirper l'idée que des pratiques fantastiques et mystérieuses sont nécessaires pour atteindre des expériences plus élevées. Il faut bien réaliser que les sentiments et pensées humains ordinaires de tous les jours doivent constituer la base à partir de laquelle on doit commencer, et qu'il suffit simplement de donner à ces pensées et sentiments une nouvelle direction. Chacun doit se dire : "Dans ma propre sphère de pensées et de sensations sont enveloppés les mystères les plus profonds, mais jusqu'à présent, je n'ai pas pu les percevoir." En fin de compte, tout se résout en ce fait que l'homme, ordinairement, porte le corps, l'âme et l'esprit avec lui, mais n'est conscient que du corps, pas de l'âme et de l'esprit, et que l'étudiant finit par atteindre à une conscience similaire de l'âme et de l'esprit.

Il est donc très important de donner la bonne direction aux pensées et aux sentiments, afin de pouvoir développer la perception de ce qui est invisible pour une personne vivant la vie ordinaire. Une des façons par lesquelles ce développement peut être réalisé sera maintenant indiquée. Encore une fois, comme presque tout ce que nous avons expliqué jusqu'à présent, il s'agit d'une question très simple. Pourtant, les résultats sont d'une importance capitale si l'expérience est menée avec persévérance et dans le bon état d'esprit.

Placez devant vous la petite graine d'une plante. Il est alors nécessaire, tout en contemplant cet objet significatif, de créer avec intensité le bon type de pensées, et à travers ces pensées de développer certains sentiments. En premier lieu, que l'étudiant comprenne clairement ce qui lui est réellement présenté à sa vision. Qu'il se décrive à lui-même la forme, la couleur et toutes les autres qualités du grain de semence. Puis que son esprit se penche sur la suite de pensées suivante : "Ce grain de semence, s'il est planté dans le sol, deviendra une plante de structure complexe." Qu'il se représente clairement cette plante. Qu'il l'édifie dans son imagination. Et ensuite, qu'il réfléchisse au fait que l'objet actuellement présent seulement dans son imagination sera bientôt amené à une existence physique réelle par les forces de la terre et de la lumière. Si la chose contemplée par lui était un objet fabriqué artificiellement, bien qu'une imitation aussi proche de la nature que aucune différence externe ne puisse être détectée par la vue humaine, aucune force inhérente à la terre ou à la lumière ne pourrait la faire pousser pour devenir une plante. Celui qui saisit bien cette pensée et l'assimile intérieurement sera également capable de former l'idée suivante avec le bon sentiment. Il raisonne ainsi : "Ce qui doit finalement sortir de cette graine est déjà, comme une force, maintenant secrètement enveloppé en elle. La duplication artificielle de la graine ne contient aucune telle force. Et pourtant, les deux semblent semblables à mes yeux. La vraie graine, par conséquent, contient quelque chose d'invisible qui n'est pas présent dans l'imitation." C'est cette quelque chose d'invisible sur quoi la pensée et le sentiment doivent maintenant être concentrés. Que l'étudiant réalise pleinement que cette quelque chose d'invisible se traduira plus tard par une plante visible, perceptible par lui en forme et en couleur. Qu'il médite sur la pensée : "L'invisible deviendra visible. Si je ne pouvais pas penser, alors je ne pourrais pas réaliser maintenant, ce qui deviendra visible plus tard."

Il convient de souligner l'importance de ressentir avec intensité ce que l'on pense. Dans le calme de l'esprit, une seule pensée doit être vécue de manière vitale en soi, excluant toutes les influences perturbatrices. Il faut prendre suffisamment de temps pour permettre à la pensée et à l'état de sentiment qui lui est associé de devenir, pour ainsi dire, enracinés dans l'âme. Si cela est accompli de la bonne manière, peut-être pas avant de nombreuses tentatives, une force intérieure se fera sentir. Et cette force créera de nouveaux pouvoirs de perception. Le grain de semence apparaîtra comme s'il était enveloppé dans un petit nuage lumineux. La vision spiritualisée de l'étudiant le perçoit comme une sorte de flamme. Cette flamme est d'une couleur lilas au centre, bleue sur les bords. Alors apparaît ce que l'on ne pouvait pas voir auparavant, et qui a été créé par la puissance de la pensée et du sentiment mis en vie en soi. Ce qui était physiquement invisible (la plante qui ne deviendra visible que plus tard) s'est là révélé à l'œil spirituel.

Il est pardonnable si, pour beaucoup d'hommes, tout cela semble être pure illusion. Beaucoup diront : "Quelle est la valeur de telles visions ou de telles hallucinations ?" Et beaucoup tomberont ainsi, et ne continueront plus à suivre le chemin. Mais c'est précisément là le point important — ne pas confondre, à cette étape difficile de l'évolution humaine, la réalité spirituelle avec les simples créations de la fantaisie, et avoir le courage de presser vigoureusement en avant, au lieu de devenir craintif et pusillanime. D'un autre côté, cependant, il est nécessaire d'insister sur la nécessité de maintenir intacte, et de cultiver perpétuellement, l'attitude d'esprit saine nécessaire pour distinguer la vérité de l'illusion. Jamais, durant tous ces exercices, l'étudiant ne doit abandonner le contrôle conscient de lui-même. Il doit continuer à penser aussi sainement et sagement dans ces conditions spirituelles qu'il le fait à l'égard des choses et des événements de la vie ordinaire. Ce serait malheureux s'il sombrait dans des rêveries. Il doit à chaque instant garder l'esprit clair et lucide, et ce serait la plus grande erreur si l'étudiant, par de telles pratiques, perdait son équilibre mental, ou s'il lui était empêché de juger aussi sainement et clairement qu'auparavant, les affaires de la vie quotidienne. Le disciple devrait donc s'examiner encore et encore pour savoir s'il est resté inchangé par rapport aux circonstances dans lesquelles il vit, ou s'il a peut-être perdu son équilibre mental. Il doit maintenir en permanence un calme repos au sein de sa propre individualité, et un esprit ouvert à tout, tout en veillant à ne pas sombrer dans des rêveries vagues ou à expérimenter toutes sortes d'exercices.

Les lignes de développement indiquées ici appartiennent à celles qui ont été suivies, et dont l'efficacité a été démontrée dans les écoles d'occultisme depuis les temps les plus anciens, et seules de telles lignes seront ici données. Toute personne tentant d'employer des méthodes de méditation conçues par elle-même, ou qu'elle pourrait avoir découvertes au cours d'une lecture promiscue, sera inévitablement égarée, et se perdra dans un marais sans fin de fantaisies incohérentes.

Un autre exercice qui peut suivre celui décrit ci-dessus est le suivant : Que le disciple se place devant une plante qui a atteint le stade du plein développement. Maintenant, que son esprit soit absorbé par la réflexion que le temps est proche où cette plante se fanera et mourra. "Rien", devrait-il se dire à lui-même, "rien de ce que je vois maintenant devant moi ne durera. Mais cette plante aura évolué des graines qui, à leur tour, donneront naissance à de nouvelles plantes. Encore une fois, je prends conscience que quelque chose est caché dans ce que je vois et que je ne peux pas voir. Je remplirai entièrement mon esprit de la pensée que cette forme de plante avec ses couleurs cessera d'exister. Mais la réflexion que la plante a produit des graines m'enseigne qu'elle ne disparaîtra pas dans le néant. Ce qui empêchera cette disparition, je ne peux actuellement plus le voir avec mes yeux que je ne pouvais originellement discerner la plante dans le grain de semence. La plante, par conséquent, contient quelque chose que mes yeux sont incapables de voir. Si cette pensée vit pleinement en moi, et se combine avec l'état de sentiment correspondant, alors, en temps voulu, une force se développera à nouveau dans mon âme qui mûrira en une nouvelle sorte de perception." De la plante émerge une fois de plus une apparence semblable à une flamme, qui est, bien sûr, proportionnellement plus grande que celle qui a été décrite précédemment. Cette flamme est verdâtre au centre, et teintée de jaune sur le bord extérieur.

Celui qui a remporté cette vision a beaucoup gagné, dans la mesure où il voit les choses, non seulement dans leur état actuel d'être, mais aussi dans leur développement et leur déclin. Il commence à voir en toutes choses l'esprit, dont les organes de la vue corporelle n'ont aucune perception, et il a franchi les premiers pas sur cette voie, qui le conduira progressivement à la solution, par vision directe, du secret de la naissance et de la mort. Pour les sens extérieurs, un être commence à exister à sa naissance, et cesse d'exister à sa mort. Cependant, cela ne semble être ainsi que parce que ces sens sont incapables de saisir l'esprit caché. La naissance et la mort ne sont que, pour cet esprit, des transformations, tout comme l'éclosion de la fleur du bourgeon est une transformation réalisée devant nos yeux physiques. Mais si l'on désire atteindre à la perception directe de ces faits, il faut d'abord éveiller la vision spirituelle par les moyens ici indiqués.

Pour répondre à une objection qui pourrait être soulevée par certaines personnes déjà dotées d'une certaine expérience psychique, qu'il soit immédiatement admis qu'il existe des moyens plus courts que celui-ci, et qu'il existe des personnes qui ont une perception directe des réalités de la naissance et de la mort, sans avoir eu à passer par toutes les étapes de discipline ici énoncées. Il existe également des êtres humains dotés de facultés psychiques élevées, pour qui seul un léger élan est nécessaire pour développer ces pouvoirs. Mais ils sont exceptionnels, et les méthodes décrites ci-dessus sont plus sûres, et sont capables d'une application générale. De même, il est possible d'acquérir une certaine connaissance de la chimie par des méthodes spéciales ; mais pour rendre plus sûre la science de la chimie, il faut suivre le cours reconnu et fiable. Une erreur aux conséquences graves résulterait de l'hypothèse selon laquelle le but pourrait être atteint plus simplement en permettant à l'esprit de s'attarder simplement sur une plante imaginaire ou un grain de semence. Il peut être possible, par de tels moyens, d'évoquer une force qui permettrait à l'âme d'atteindre la vision intérieure. Mais cette vision sera, dans la plupart des cas, une simple création de l'imagination, car l'objectif principal n'est pas de créer arbitrairement une vision mentale, mais de permettre à la véritable nature des choses de former une image dans son esprit. La vérité doit remonter des profondeurs de sa propre âme, non pas à l'appel de son moi ordinaire, mais plutôt les objets de sa perception eux-mêmes doivent exercer leur pouvoir magique, si l'on doit percevoir leur réalité intérieure.

Après que le disciple a évolué, par de tels moyens, les rudiments de la vision spirituelle, il peut passer à la contemplation de la nature humaine elle-même. Les simples apparences de la vie ordinaire doivent être choisies en premier lieu. Mais avant de faire des tentatives dans cette direction, il est impératif pour l'étudiant de s'efforcer d'une sincérité absolue de caractère moral. Il doit bannir toute pensée d'utiliser un jour l'aperçu à atteindre de cette manière à ses propres fins égoïstes. Il doit être absolument déterminé à ne jamais se servir, dans un sens mauvais, d'un quelconque pouvoir qu'il pourrait acquérir sur ses semblables. C'est la raison pour laquelle quiconque désire acquérir un aperçu direct des secrets de la nature humaine doit suivre la règle d'or du véritable occultisme. Et la règle d'or est la suivante : Pour chaque pas que vous faites dans la recherche de la connaissance cachée, faites trois pas dans le perfectionnement de votre propre caractère. Celui qui obéit à cette règle peut effectuer des exercices tels que celui qui va maintenant être expliqué.

Commencez par observer une personne remplie d'un désir pour un certain objet. Dirigez votre attention vers ce désir. Il est préférable de choisir un moment où ce désir est à son comble, et où il n'est pas encore certain si l'objet du désir sera atteint ou non. Ensuite, abandonnez-vous entièrement à la contemplation de ce que vous observez, mais maintenez la tranquillité intérieure de l'âme la plus totale. Faites tout votre possible pour être sourd et aveugle à tout ce qui peut se passer autour de vous en même temps, et gardez à l'esprit en particulier que cette contemplation doit évoquer un état de sentiment dans votre âme. Laissez cet état de sentiment surgir dans votre âme, comme un nuage montant à l'horizon autrement sans nuage. Il est à prévoir, bien sûr, que votre observation sera interrompue, car la personne sur laquelle elle est dirigée ne restera pas dans cet état d'esprit particulier pendant une durée suffisante.

Il est probable que vous échouiez dans votre expérience des centaines et des centaines de fois. C'est simplement une question de ne pas perdre patience. Après de nombreuses tentatives, vous réaliserez finalement l'état de sentiment dont il est question ci-dessus, aussi rapidement que les phénomènes mentaux correspondants traversent l'âme de la personne observée. Après un certain temps, vous commencerez à remarquer que ce sentiment dans votre propre âme évoque le pouvoir de la vision spirituelle dans l'état psychique de l'autre. Une image lumineuse apparaîtra dans votre champ de vision. Et cette image lumineuse est la manifestation astrale ainsi appelée, évoquée par l'état de désir lorsqu'il est observé. Encore une fois, nous pouvons décrire cette image comme ayant l'apparence d'une flamme. Elle est jaunâtre rouge au centre et bleu rougeâtre ou lilas sur les bords. Beaucoup dépend du traitement de telles expériences de la vision intérieure avec beaucoup de délicatesse. Il sera préférable pour vous, au début, de n'en parler à personne sauf à votre enseignant, si vous en avez un. La tentative de décrire de telles apparitions en mots appropriés conduit généralement à une grossière auto-tromperie. On utilise des termes ordinaires qui ne s'appliquent pas à de tels desseins, et donc beaucoup trop grossiers et maladroits. La conséquence est que sa propre tentative de revêtir cette vision de mots conduit inconsciemment à mélanger l'expérience réelle avec un alliage de détails imaginaires. Il est donc une autre loi importante pour l'investigateur occulte qu'il devrait savoir comment observer le silence concernant ses visions intérieures. Observez le silence même envers vous-même.

Ne vous efforcez pas d'exprimer en mots ce que vous voyez, ou de le sonder avec des facultés de raisonnement qui sont inadéquates. Livrez-vous librement à ces impressions spirituelles sans aucune réserve mentale, et sans les perturber en y réfléchissant trop. Car vous devez vous rappeler que vos facultés de raisonnement n'étaient, au début, nullement égales à vos facultés d'observation. Vous avez acquis ces facultés de raisonnement grâce à des expériences jusqu'à présent exclusivement confinées au monde tel qu'il est perçu par vos sens physiques, et les facultés que vous acquérez maintenant transcendent ces expériences. Ne cherchez donc pas à mesurer vos nouvelles et plus hautes perceptions selon l'ancienne norme. Seul celui qui a déjà acquis une certaine certitude dans son observation des expériences intérieures devrait en parler dans le but de stimuler ses semblables.

Comme exercice supplémentaire, on peut énoncer ce qui suit. Dirigez votre observation de la même manière sur un semblable à qui la réalisation d'un souhait, la satisfaction d'un désir vient juste d'être accordée. Si les mêmes règles et précautions sont adoptées que dans le cas précédent, vous parviendrez une fois de plus à la perception spirituelle. Vous distinguerez une apparence semblable à une flamme qui est jaune au centre et verdâtre sur les bords. Par de telles observations de ses semblables, on peut facilement tomber dans une faute morale, on peut devenir peu charitable.

Tous les moyens concevables doivent être pris pour lutter contre cette tendance. Quiconque exerce de telles facultés d'observation doit être parvenu au niveau où l'on est absolument convaincu que les pensées sont des choses réelles. Il ne peut alors plus se permettre d'admettre des pensées incompatibles avec le plus grand respect pour la dignité de la vie humaine et de la liberté humaine. Pas un instant ne doit-il envisager de considérer un être humain comme un simple objet d'observation. L'objectif de l'auto-éducation doit être de voir que les facultés pour une observation psychique de la nature humaine vont de pair avec une pleine reconnaissance des droits de chaque individu. Ce qui réside en chaque être humain doit être considéré comme quelque chose de saint, et à respecter par nous-même même dans nos pensées et nos sentiments. Nous devons être possédés par un sentiment d'admiration respectueuse pour tout ce qui est humain.

Pour l'instant, seuls ces deux exemples peuvent être donnés comme méthodes par lesquelles un aperçu de la nature humaine peut être obtenu, mais ils serviront au moins à indiquer la voie à suivre. Celui qui a acquis la tranquillité intérieure et le repos indispensables à de telles observations, aura déjà subi une grande transformation. Cela atteindra bientôt le point où l'augmentation de sa valeur spirituelle se manifestera dans la confiance et le calme de son comportement extérieur. Encore une fois, cette altération de son comportement réagira favorablement sur sa condition intérieure, et ainsi il pourra s'aider lui-même plus loin sur la route. Il trouvera des moyens de pénétrer de plus en plus loin dans ces secrets de la nature humaine, ceux cachés à nos sens externes, et sera alors qualifié pour une vision plus profonde des corrélations mystérieuses entre la nature de l'homme et tout le reste qui existe dans l'univers. En suivant ce chemin, le disciple se rapprochera de plus en plus du jour où il sera jugé digne de faire les premiers pas de l'initiation ; mais avant que ceux-ci ne puissent être faits, il est nécessaire de s'assurer d'un courage inébranlable. Au début, il se peut que cela ne soit pas du tout apparent à l'étudiant pourquoi il est nécessaire, mais il ne peut manquer d'en être convaincu à la fin.

La qualité qui est indispensable à celui qui voudrait être initié est une certaine mesure de courage et d'audace. Il doit absolument chercher des occasions de développer ces vertus. Dans les écoles occultes, elles sont cultivées de manière tout à fait systématique ; mais la vie elle-même est une excellente école d'occultisme à cet égard, peut-être même la meilleure. Faire face au danger calmement, essayer de surmonter les difficultés avec détermination, voilà ce que l'étudiant doit apprendre à faire ; par exemple, en présence d'un péril, il doit s'élever immédiatement à la conception que les peurs sont totalement inutiles, et ne doivent pas être entretenues un seul instant, mais que l'esprit doit simplement être concentré sur ce qu'il y a à faire. Il doit atteindre un point où il lui est devenu impossible de jamais plus ressentir de la peur ou de perdre son courage. En se disciplinant dans cette direction, il développera en lui-même des qualités distinctes dont il a besoin s'il veut être initié aux mystères supérieurs.

Tout comme l'homme dans son être physique a besoin de force nerveuse pour utiliser ses sens physiques, de même, dans sa nature psychique, il a besoin de la force qui n'est produite que chez les courageux et les intrépides. Car en pénétrant dans les mystères supérieurs, il verra des choses qui ne sont pas encore révélées à la vue, ni à aucun autre des sens humains. Ces derniers, en cachant à notre regard les vérités supérieures (choses que nous ne pourrions pas supporter de voir), sont en réalité nos bienfaiteurs, puisqu'ils nous empêchent de percevoir ce qui, si réalisé sans une préparation due, nous plongerait dans une consternation inexprimable. Le disciple doit être prêt à supporter cette vue, bien qu'il ait perdu certains appuis dans le monde extérieur en réalisant les illusions même qui l'entouraient. C'est vraiment et littéralement comme si son attention était soudainement attirée par un certain danger par lequel il avait été inconsciemment menacé depuis un certain temps. Il n'avait pas peur jusqu'à présent, mais maintenant qu'il voit son péril, il est terrifié, même si le danger n'a pas été rendu plus grand par sa connaissance.

Les forces à l'œuvre dans le monde sont à la fois destructrices et créatrices. Le destin des êtres manifestés est la naissance et la mort. L'initié doit contempler cette marche du destin. Le voile, qui dans le cours ordinaire de la vie obscurcit les yeux spirituels, doit être levé, et l'homme doit se voir lui-même comme un être interconnecté avec ces forces, avec ce destin. Sa propre nature contient des pouvoirs destructeurs et créateurs. Aussi ouvertement que les autres objets de sa vision sont révélés à l'œil du voyant, son âme propre est dévoilée à son regard.

Face à cette connaissance de soi, le disciple ne doit pas se laisser abattre, et il y réussira seulement s'il a apporté avec lui un excès de la force nécessaire. Pour que cela soit le cas, il doit apprendre à maintenir le calme intérieur et la confiance dans les circonstances les plus difficiles ; il doit nourrir en lui-même une foi ferme dans les forces bienfaisantes de l'existence. Il doit être prêt à découvrir que de nombreux motifs qui l'ont animé jusqu'à présent ne l'animeront plus. Il doit percevoir que jusqu'à présent, il a souvent pensé ou agi d'une certaine manière, parce qu'il était encore dans les rets de l'ignorance. Les raisons qui l'influençaient autrefois disparaîtront maintenant. Il a fait beaucoup de choses par vanité personnelle ; il percevra maintenant à quel point toute cette vanité est totalement futile aux yeux de l'initié. Il a fait beaucoup par cupidité ; il sera maintenant conscient de l'effet destructeur de toute avidité. Il devra développer entièrement de nouvelles motivations pour sa pensée et son action, et c'est pour cela que le courage et l'audace sont nécessaires.

Il s'agit surtout de cultiver ce courage et cette audace dans les profondeurs les plus intimes de la vie mentale. Le disciple doit apprendre à ne jamais désespérer. Il doit toujours être capable de penser : "J'oublierai que j'ai encore échoué dans cette affaire. Je vais essayer encore une fois, comme si rien du tout ne s'était passé." Ainsi, il se frayera un chemin jusqu'à la ferme conviction que l'univers contient des sources de force inépuisables dont il peut boire. Il doit aspirer encore et encore au Divin qui l'élèvera et le soutiendra, aussi faible et impuissant que puisse être la partie mortelle de son être. Il doit être capable de presser vers l'avenir, sans être découragé par aucune expérience du passé. Chaque enseignant d'occultisme évaluera soigneusement dans quelle mesure le disciple, aspirant à l'initiation aux mystères supérieurs, a progressé sur la voie de la préparation spirituelle. S'il remplit ces conditions à un certain degré, il est alors digne d'entendre prononcer ces Noms des choses qui forment la clé qui ouvre la connaissance supérieure. Car l'initiation consiste en cet acte même d'apprendre à connaître les choses de l'univers par les Noms qu'elles portent dans l'esprit de leur Auteur Divin. Et le mystère des choses réside dans ces Noms. C'est pourquoi l'initié parle une autre langue que celle du non-initié, car il connaît les Noms par lesquels les choses ont été appelées à l'existence.

VI. INITIATION

Le plus haut degré en occultisme, dont il est possible de parler dans un livre destiné à un public général, est l'Initiation. On ne peut pas donner d'informations publiques sur tout ce qui se trouve au-delà, bien que le chemin vers cela puisse toujours être trouvé par celui qui a précédemment avancé et pénétré les secrets et mystères inférieurs.

La connaissance et le pouvoir conférés à un homme par l'Initiation ne pourraient être obtenus d'aucune autre manière, sauf dans un futur lointain, après de nombreuses incarnations, sur une route tout à fait différente et sous une forme tout à fait différente. Celui qui est initié aujourd'hui éprouve quelque chose qu'il aurait autrement à éprouver à une période beaucoup plus tardive et dans des circonstances tout à fait différentes.

Il est juste qu'une personne ne devrait apprendre que tant des secrets de la nature que ce qui correspond à son propre degré de développement, et pour cette raison seulement, des obstacles barrent son chemin vers la connaissance et le pouvoir complets. On ne devrait pas confier aux gens l'utilisation d'armes à feu tant qu'ils n'ont pas acquis assez d'expérience pour être certains qu'ils ne les utiliseront pas de manière néfaste ou sans précaution. Si une personne, sans la préparation nécessaire, était initiée aujourd'hui, elle manquerait encore de ces expériences qui, dans le cours normal de son développement, lui viendraient à l'avenir au cours d'autres incarnations et apporteraient alors avec elles les secrets correspondants. À la porte de l'Initiation, ces expériences doivent donc être fournies d'une autre manière, et à leur place, le candidat doit subir l'enseignement préliminaire. Ce sont ce qu'on appelle des "épreuves" qui doivent être surmontées. Ces épreuves sont maintenant discutées dans divers livres et magazines, mais, en raison de la nature même de cette discussion, il n'est pas surprenant que de fausses impressions soient reçues à leur sujet. Car ceux qui n'ont pas encore traversé les périodes de Probation et d'Éveil ne connaissent rien de ces épreuves et ne peuvent donc pas les décrire de manière appropriée.

Certaines questions ou sujets liés aux mondes supérieurs sont présentés au candidat, mais il n'est capable de les voir et de les entendre que lorsqu'il peut percevoir clairement les figures, les tons et les couleurs, pour lesquels il a été préparé par les enseignements sur la Probation et l'Éveil.

La première épreuve consiste à obtenir une compréhension plus claire des attributs corporels de ce qui semble être des choses sans vie, puis des plantes, des animaux, des êtres humains (de la manière dont la personne moyenne les possède). Cela ne signifie pas ce qui est couramment appelé "connaissance scientifique" ; cela n'a aucun lien avec cela, mais cela a à voir avec l'intuition. Ce qui se passe habituellement, c'est que l'Initié révèle au candidat comment les objets de la nature et l'essence des êtres vivants se révèlent à l'ouïe et à la vue spirituelles et mentales. D'une certaine manière, ces choses se révèlent alors —nues—devant le spectateur. Les attributs et qualités qui sont cachés aux yeux et aux oreilles physiques peuvent alors être vus et entendus. Jusqu'à présent, ils étaient enveloppés comme dans un voile, et le retrait de ce voile pour le candidat se produit à ce qu'on appelle le Processus de Purification par le Feu. La première épreuve est donc connue sous le nom d'"Épreuve du Feu", qui sera brièvement expliquée ainsi :

Pour certaines personnes, la vie quotidienne ordinaire est un processus plus ou moins inconscient d'initiation par le biais de l'Épreuve du Feu. Ce sont des personnes qui ont traversé une multitude d'expériences de développement et qui constatent que leur confiance en eux, leur courage et leur force ont été considérablement accrus de manière normale—qui ont appris à supporter la tristesse et la déception, de l'échec de leurs entreprises, avec grandeur d'esprit, et surtout avec calme et force inébranlables. Ceux qui ont traversé de telles expériences sont souvent des initiés, sans le savoir, et il ne faut pas grand-chose pour leur ouvrir l'ouïe et la vue spirituelles—pour les rendre clairvoyants. Car il faut noter qu'une véritable Épreuve du Feu n'a pas pour seul but de satisfaire la curiosité du candidat. Il apprendrait, sans aucun doute, beaucoup de choses inhabituelles, dont d'autres, dépourvus de telles expériences, ne peuvent avoir aucune idée ; mais pourtant, cette connaissance n'est ni le but ni l'objectif, mais simplement le chemin vers la fin. Le véritable but est celui-ci : que le candidat acquière pour lui-même, grâce à cette connaissance des mondes supérieurs, une confiance en soi plus grande et plus vraie, un courage plus élevé et plus noble, et une persévérance, une attitude d'esprit, tout à fait différente de ce qu'il aurait pu obtenir dans le monde inférieur.

Après l'Épreuve du Feu, un candidat peut quitter l'école ; mais parce qu'il est allé aussi loin, il accomplira son travail de vie ordinaire, considérablement renforcé dans toutes ses relations spirituelles et physiques, et dans sa prochaine incarnation, il continuera à chercher une initiation et un avancement supplémentaires. Dans sa vie actuelle, en tout cas, il se révélera être un membre plus utile de la société, sera d'une plus grande utilité pour l'humanité qu'il ne l'était auparavant, et quelle que soit la position qu'il occupera, sa fermeté, sa prudence et son influence favorable sur ses semblables auront considérablement augmenté.

Après être sorti de l'Épreuve du Feu, s'il souhaite continuer dans l'école occulte, il doit alors être instruit dans un certain système d'écriture utilisé par ceux de l'école. Les enseignements occultes sont écrits dans ce système d'écriture occulte, car ce qui est vraiment occulte ne peut ni être parfaitement parlé en mots de notre langage ordinaire, ni être exposé de manière ordinaire. Ceux qui ont beaucoup appris des Initiés ne peuvent que partiellement traduire les enseignements de l'occultisme en termes de langage ordinaire.

Les symboles ou signes de l'écriture secrète ne sont pas arbitrairement inventés ou imaginés, mais correspondent à des pouvoirs qui sont actifs et efficaces dans la nature. C'est à travers ces symboles ou signes qu'on apprend le langage de telles questions. Le candidat voit immédiatement par lui-même que ces symboles correspondent aux figures, tons et couleurs qu'il a appris à percevoir pendant les périodes de Probation et d'Éveil. Il comprend maintenant que tout ce qui précédait était comme apprendre à épeler, et que ce n'est que maintenant qu'il commence à lire dans les mondes supérieurs. Tout ce qui lui apparaissait auparavant comme des figures, des tons et des couleurs séparés, lui est maintenant révélé comme une unité parfaite, une harmonie cohérente, et ici, pour la première fois, il atteint une véritable certitude en observant et en suivant la connaissance supérieure. Jusqu'à présent, il n'était pas possible pour lui d'être sûr que ce qu'il voyait avait été clairement ou correctement perçu. Maintenant, enfin, il est possible qu'une compréhension correcte entre le candidat et l'Initié commence à se faire jour concernant les sphères des mondes supérieurs. Car quelle que soit la proximité de la connexion entre les deux, quelle que soit la forme que prenne leur interaction dans la vie ordinaire, l'Initié ne peut communiquer au candidat, sur ces plans, que sous forme directe ou sous forme de figures de l'alphabet secret.

À travers ce langage occulte, l'étudiant apprend également

certaines règles de conduite pour la vie, certains devoirs et obligations dont, auparavant, il ne connaissait rien du tout. Lorsqu'il apprend à connaître ces règles, il est capable d'accomplir des actions qui ont une signification et un sens tels que les actions d'un autre qui n'est pas initié ne peuvent jamais posséder. Le seul point de vue à partir duquel il est maintenant capable de regarder les choses ; le seul plan à partir duquel il peut maintenant manifester ses actes, est celui des mondes supérieurs et les instructions concernant de tels actes ne peuvent être lues ou comprises que dans l'écriture secrète.

Pourtant, il faut bien comprendre et souligner qu'il y a des personnes qui, inconsciemment, ont la capacité ou la faculté d'accomplir ces actions, bien qu'elles n'aient jamais été dans une école occulte. De tels "aides de l'humanité et du monde" avancent bénignement et bénéfiquement dans la vie. Il existe certaines raisons fondamentales, qui ne peuvent être discutées ici, pour lesquelles ils possèdent des dons apparemment surnaturels. La seule différence entre ces personnes et les élèves d'une école occulte est que les premières agissent inconsciemment, tandis que les seconds travaillent avec une pleine connaissance, une vision, un jugement et une compréhension totale de toute la question en main. Souvent, le candidat doit acquérir par l'entraînement ce qui a été accordé par une Puissance Supérieure à son compagnon, pour le bien de l'humanité. On devrait honorer librement et ouvertement ces favoris de Dieu ; mais on ne devrait pas, à cause d'eux, considérer que le travail des écoles occultes est inutile ou superflu.

Maintenant que l'étudiant a appris le "langage du Mystère", il l'attend encore une autre épreuve. Par celle-ci, il doit prouver s'il peut se déplacer avec liberté et certitude dans les mondes supérieurs. Dans la vie ordinaire, un homme sera poussé à l'action par des motifs et des conditions extérieurs. Il travaille à ceci ou cela parce que certains devoirs lui sont imposés par des circonstances extérieures. Il est à peine nécessaire de mentionner que l'étudiant occulte ne doit en aucun cas négliger aucun des devoirs liés à sa vie ordinaire parce qu'il est un étudiant dans une école occulte et dans les mondes supérieurs. Aucun de ses devoirs là-bas ne peut le contraindre à traiter avec négligence ou négligence l'un de ses devoirs dans le monde inférieur. Le père restera aussi bon père pour sa famille, la mère aussi bonne mère ; et ni l'officier ni le soldat, ni personne d'autre, ne seront empêchés d'accomplir leurs devoirs nécessaires parce qu'ils sont étudiants en Occultisme. Au contraire, toutes les qualités qui font des hommes capables sont augmentées à un degré dont l'initié ne peut se faire aucune idée. Que cela ne semble pas toujours être le cas est dû simplement au fait qu'ils n'ont pas toujours la capacité de juger ou de critiquer correctement l'Initié. Les actes de ce dernier ne sont pas toujours entièrement intelligibles pour les premiers. Mais, comme nous l'avons dit précédemment, cela n'arrive que dans certains cas.

Pour celui qui est arrivé aux soi-disant "Étapes de l'Initiation", il y a de nouveaux devoirs à accomplir auxquels aucun stimulus extérieur n'est donné. Il sera amené à faire ces choses non par une pression externe, mais par ces règles de conduite qui lui ont été communiquées dans le langage du mystère. Dans cette deuxième épreuve, il doit prouver que, guidé par de telles règles de conduite, il peut agir à partir d'incitations intérieures aussi fermement qu'un officier accomplit ses devoirs obligatoires. À cette fin, le professeur fixera devant l'élève certaines tâches précises. Ce dernier doit maintenant accomplir quelque chose en conséquence des observations faites à partir de l'ensemble de ce qu'il a appris pendant la Probation et l'Éveil. Il doit trouver le moyen de ce qu'il doit maintenant accomplir, par le biais du langage du mystère, qui lui est désormais familier. S'il discerne son devoir et l'exécute correctement, il a enduré l'épreuve, et il reconnaît le succès, qui accompagne l'accomplissement de la tâche, par le changement de manière avec lequel les yeux et les oreilles spirituels appréhendent maintenant les figures, les tons et les couleurs. L'enseignant occulte lui dit distinctement comment ceux-ci doivent apparaître après l'accomplissement de l'épreuve, et le candidat doit savoir comment il peut effectuer ce changement. Cette épreuve est connue sous le nom d'"Épreuve de l'Eau", parce que, en conséquence de son déroulement sur les plans supérieurs, ce soutien, qui aurait autrement été reçu des conditions extérieures, est maintenant retiré. Les mouvements sont comme ceux qui sont faits dans l'eau par quelqu'un apprenant à nager, et ses sentiments sont ceux d'une personne n'ayant aucun soutien excepté ses propres efforts. Cette pratique doit être souvent répétée jusqu'à ce que le candidat atteigne un équilibre et une assurance absolus.

Ces épreuves dépendent également d'une qualité produite par ses expériences dans les mondes supérieurs. Le candidat cultive cette qualité dans une mesure à laquelle il ne pourrait pas atteindre en si peu de temps tout en se développant de manière ordinaire, mais qu'il pourrait atteindre seulement après de nombreuses incarnations. Afin d'amener le changement mentionné ici, la condition suivante est nécessaire : Le candidat doit être guidé entièrement par ce qui lui a été prouvé par la cultivation de ses facultés supérieures, par les résultats de sa lecture dans les symboles secrets.

S'il tente, pendant ces expériences, d'introduire certaines de ses propres opinions ou désirs, ou s'il s'écarte ne serait-ce qu'un instant des lois et règles qu'il a prouvées être justes, quelque chose de tout autre que ce qui est attendu se produira. Dans de tels cas, le candidat perd de vue le but pour lequel ces questions sont entreprises, et le résultat est la confusion. Il a donc de nombreuses occasions, pendant ces épreuves, pour le développement de l'auto-contrôle, et c'est en effet la qualité principale nécessaire. Ces épreuves sont donc beaucoup plus facilement endurées par ceux qui, avant l'initiation, ont vécu une vie qui leur a permis d'acquérir le commandement d'eux-mêmes. Ceux qui ont développé la caractéristique de suivre leurs principes et idéaux supérieurs sans penser à l'honneur ou au désir personnel, qui discerneront toujours le devoir à remplir, même si les inclinations et les sympathies sont trop souvent prêtes à les mener autrement, sont déjà des initiés inconscients au milieu de la vie de tous les jours. Ils n'ont besoin que de peu pour réussir dans les épreuves prescrites.

En effet, on peut dire qu'une certaine mesure d'initiation, ainsi acquise inconsciemment dans la vie, sera absolument nécessaire avant d'entreprendre la deuxième épreuve. Car de même que beaucoup de ceux qui, pendant leur jeunesse, n'ont pas appris à écrire ou à épeler, trouvent beaucoup de difficultés à le faire plus tard, il est également difficile de développer, seulement à partir d'une connaissance des mondes supérieurs, le degré nécessaire de maîtrise de soi, si on ne l'a pas déjà acquis dans le cours de la vie ordinaire.

Les choses du monde physique ne changent pas simplement en les désirant, mais dans les mondes supérieurs, nos souhaits, inclinations et désirs sont des causes qui produisent des effets. Si nous voulons provoquer des changements particuliers dans ces mondes, nous devons nous maintenir en un contrôle absolu, nous devons suivre le bon principe, devons entièrement subjuguer la volonté personnelle.

Il existe un attribut qui, à ce stade de l'initiation, doit être particulièrement pris en considération, - une faculté de jugement vraiment saine et sûre. L'attention doit être dirigée vers l'éducation de cette faculté pendant tous les stades précédents, et au cours d'entre eux il doit être prouvé si le candidat a développé cette qualité suffisamment pour le rendre apte à emprunter le chemin de la vraie connaissance, car, le progrès ultérieur est maintenant possible seulement s'il est capable de distinguer l'illusion, la superstition, les fantaisies insubstantielles, et toutes sortes de telles choses, des véritables réalités. Au début, c'est beaucoup plus difficile à accomplir sur les stades supérieurs de l'existence que sur les stades inférieurs. Tous les préjugés, toutes les opinions chéries concernant ces matières, dans quelque connexion que ce soit, doivent être bannis. La vérité seule doit guider. Il doit y avoir une disposition parfaite à abandonner immédiatement toute opinion, idée ou inclination existante, lorsque l'idée logique l'exige. La certitude absolue dans les mondes supérieurs ne peut être obtenue que lorsque l'on n'impose pas ses propres opinions.

Les personnes dont le mode de pensée les porte à la fantaisie, aux préjugés, et ainsi de suite, ne peuvent pas progresser sur la voie occulte. Pourtant, ne soyez pas découragés - il y a, en vérité, un trésor glorieux que l'étudiant occulte persévérant atteindra. Tout doute concernant les mondes supérieurs lui sera enlevé. Dans toute leur loi, ils se révéleront à sa vue, mais tant qu'il sera aveuglé, il ne pourra pas voir ces hauteurs et compensations. Il est, en effet, malheureux pour lui si les illusions et les erreurs emportent son intellect et sa raison. Les rêveurs et les personnes portées à la fantaisie sont aussi inaptes pour le chemin occulte que le sont les personnes superstitieuses ; car dans les rêves, les illusions et les superstitions se cachent les ennemis les plus dangereux sur la route de la connaissance. Parce que le candidat a déjà vu sur les portails qui s'ouvraient pour lui la première épreuve, les mots, "Sans bon sens normal, tous vos efforts sont vains;" et sur la porte, qui mène à la deuxième épreuve, "Tous les préjugés doivent disparaître," il n'est pas nécessaire de penser que la capacité à l'inspiration et à l'enthousiasme, et toute la poésie de la vie, est perdue pour l'étudiant en Occultisme.

S'il est maintenant suffisamment avancé, un troisième essai attend le candidat. Aucun objectif, aucune limite, ne lui sont ici fixés. Tout est laissé entièrement entre ses mains. Il se trouve dans une condition où rien d'extérieur ne l'incite ou ne l'induit à agir. Il doit trouver le chemin de sa propre initiative et de l'intérieur de lui-même. Les conditions ou les personnes qui auraient pu le stimuler à l'action ne sont plus là. Rien ni personne d'autre que lui-même seul ne peut donner la force dont il a maintenant besoin. S'il ne trouve pas cette force en lui, il se retrouvera très bientôt là où il était auparavant ; mais il convient de noter que très peu de ceux qui ont enduré les épreuves précédentes échoueront à ce point dans la recherche de la force nécessaire. S'ils sont arrivés si loin, ils endureront aussi à ce point.

La seule chose nécessaire est la capacité à prendre rapidement une résolution. Car ici, dans le sens le plus vrai de l'expression, on doit se trouver soi-même. En toutes choses, on doit immédiatement résoudre à entendre les suggestions, les inspirations de l'esprit. On n'a pas le temps pour le doute ou le retard. Chaque moment d'hésitation ajouterait à la preuve que l'on n'était pas encore prêt. Tout ce qui empêche d'entendre la voix de l'esprit doit être bravement vaincu. Il s'agit entièrement de prouver sa présence d'esprit, et c'est à cette qualité qu'il convient de prêter attention pendant tous les stades de développement précédents. Toutes les tentations d'agir, ou même de penser, qui jusqu'à présent assaillaient un homme, doivent cesser ici ; mais pour qu'il ne glisse pas dans l'inaction, il ne doit pas perdre son emprise sur lui-même. Car c'est seulement en lui-même qu'il peut trouver ce seul point central sûr sur lequel il peut compter. Personne ne devrait ressentir une antipathie envers ce principe de rejet de soi. Pour celui qui a déjà enduré les épreuves déjà décrites, cela indique la félicité la plus parfaite.

Dans celui-ci, comme dans les autres stades déjà mentionnés, la vie quotidienne elle-même peut, pour beaucoup de gens, être une école occulte. Ceux qui ont atteint le point où ils peuvent agir sans délai ni considération personnelle et peuvent prendre des résolutions promptes lorsqu'ils sont soudainement confrontés à une tâche ou à un problème demandant une action immédiate, ont en effet subi leur formation occulte dans la vie quotidienne. La situation que l'on souhaite suggérer est celle dans laquelle une action réussie est impossible à moins que la personne concernée ne saisisse toute la question et n'agisse immédiatement. Il est prompt à agir lorsque la misère est en vue, tandis qu'une hésitation d'un instant pourrait mener à une catastrophe ; et celui qui possède les qualités qui peuvent être développées en un attribut permanent de ce genre, a déjà évolué, sans le savoir, au degré de maturité nécessaire pour le troisième essai. Car, comme déjà mentionné, à ce stade tout dépend du développement de la présence d'esprit.

Dans les écoles occultes, cette épreuve est connue sous le nom d'"Épreuve de l'Air", car en la subissant, le candidat ne peut se soutenir ni sur le sol ferme, ni sur aucune cause externe, ni sur ce qu'il a appris en Probation et en Enlightenment - à partir des figures et des tons et des couleurs, mais uniquement sur lui-même.

Si l'étudiant occulte a enduré ces épreuves, il lui est alors permis d'entrer dans "le Temple de la Sagesse Supérieure." Tout ce qui peut être dit de plus sur ce sujet ne peut être donné que sous forme de petites indications et suggestions. La responsabilité de l'étape suivante a si souvent été mal exprimée par des mots, que beaucoup disent que l'élève doit ici prêter un "serment", promettant de ne rien trahir de ce qui vient de l'enseignant. Cependant, ces expressions, "serment" et "trahison", ne sont en aucun cas appropriées, et sont trompeuses.

Ce n'est pas un serment, au sens ordinaire du mot, mais plutôt une expérience qui vient à ce stade. Ici, le candidat apprécie la vraie valeur des enseignants occultes, et leur place au service de l'humanité. Enfin, il commence à comprendre le monde correctement. Il ne s'agit pas tant de "retenir" les vérités supérieures déjà apprises, mais beaucoup plus de les soutenir de la bonne manière et avec le tact nécessaire. Ce dont on apprend à "garder le silence" est quelque chose de tout à fait différent. On acquiert cette fine qualité en ce qui concerne de nombreuses choses dont on avait précédemment parlé, et surtout en ce qui concerne la manière dont on en avait parlé. Pourtant, ce serait un pauvre Initié qui ne mettrait pas toutes ses expériences mystiques, aussi adéquates et aussi loin que possible, au service de l'humanité. Le seul obstacle dans de telles questions est le malentendu de la personne qui reçoit la communication. Surtout, les secrets supérieurs ou occultes ne sont pas autorisés à être parlés de manière promiscue, mais personne qui a franchi les étapes de développement décrites ci-dessus n'est-il réellement interdit de parler de ces questions. On ne demande à personne un serment négatif, mais tout est confié au jugement, à l'intégrité et au sens des responsabilités du candidat à l'Initiation. Ce que l'on apprend vraiment, c'est de trouver, en soi-même, ce qui doit être fait en toutes circonstances, et le "serment" ne signifie rien de plus que ceci, que l'on est trouvé qualifié pour être chargé de matières d'une telle importance.

Si le candidat est jugé apte, il reçoit alors ce qui est appelé, de manière symbolique, "le breuvage de l'oubli." Cela signifie qu'il sera initié à la connaissance secrète lui permettant d'agir sans être continuellement perturbé par la mémoire inférieure. C'est absolument nécessaire pour l'Initié, car il doit posséder une foi totale dans le présent immédiat. Il doit être capable de détruire ce voile de mémoire qui s'étend autour de l'humanité de plus en plus épaissement à chaque moment de la vie.
Si l'on juge les choses qui se passent aujourd'hui, par les expériences d'hier, on est soumis à une multitude d'erreurs. Bien sûr, il n'est pas prévu que le lecteur renonce à toute l'expérience acquise dans la vie. Il devrait toujours la garder à

l'esprit aussi fermement que possible. Mais, en tant qu'Initié, on devrait acquérir la capacité de juger chaque expérience nouvelle indépendamment de soi-même, sans être obscurci par toutes les expériences passées. On doit être prêt, à chaque instant, à ce qu'une chose ou un être nouveau apporte à une nouvelle révélation. Si l'on juge le nouveau selon le standard de l'ancien, il tombe nécessairement dans l'erreur. La mémoire des expériences passées est très utile, cependant, car elle rend mieux capable de percevoir le nouveau. Si l'on n'avait pas traversé une certaine expérience, il n'aurait probablement pas vu les attributs de tel ou tel être ou chose; mais ayant eu de telles expériences, il devrait être capable de discerner le nouveau, sans le juger par l'ancien. De cette manière, l'Initié obtient certaines qualités définies, et grâce à celles-ci, beaucoup de choses lui sont révélées, tandis qu'elles restent cachées pour les non-initiés.

Le deuxième breuvage qui est donné à l'Initié est le "breuvage de remémoration." En le recevant, il devient capable de maintenir les secrets supérieurs toujours présents dans l'âme. La mémoire ordinaire ne serait pas suffisante pour assurer cela ; il doit être absolument en harmonie avec les vérités supérieures. Il ne doit pas seulement les connaître, mais être capable, en toute circonstance, de les manifester et de les administrer dans des actions vivantes, tout comme un homme ordinaire mange et boit. Elles doivent devenir notre pratique, nos inclinations, nos habitudes. Il ne doit pas être nécessaire de les rappeler à l'esprit (au sens habituel du terme) ; elles doivent devenir une partie de soi-même et s'exprimer à travers notre être même ; elles doivent couler à travers nous, tout comme les courants de vie traversent notre organisme corporel. Ainsi devons-nous nous rendre aussi parfaits sur le plan spirituel que la nature nous a rendus sur le plan physique.

VII. L'ÉDUCATION SUPÉRIEURE DE L'ÂME

Si un homme mène la culture de ses pensées, de ses sentiments et de ses émotions de la manière déjà décrite dans les chapitres sur la Période Probatoire, l'Éveil et l'Initiation, alors il opère un changement dans son âme tel que la Nature l'a opéré dans son corps. Avant cette formation, l'âme et l'esprit sont des masses indifférenciées. Dans un tel état, le clairvoyant les percevra comme des nuages entrelacés, tournant en spirale, et ayant généralement une lueur terne de couleur rougeâtre ou brun-rouge, ou peut-être jaune-rougeâtre ; mais après cette croissance, ils commencent à prendre une teinte jaune-vert brillante ou jaune-bleu, et deviennent d'une structure régulière. Un homme atteint une telle régularité de structure, et en même temps la connaissance supérieure, lorsqu'il apporte dans le royaume de ses pensées, de ses sentiments et de ses émotions, un ordre, tel que la Nature a apporté dans ses organes corporels, au moyen desquels il peut voir, entendre, digérer, respirer, parler, et ainsi de suite. Progressivement, l'étudiant apprend, pour ainsi dire, à respirer, à voir avec l'âme, et à parler et à entendre avec l'esprit.

Dans les pages suivantes, quelques points pratiques relatifs à l'éducation supérieure de l'âme et de l'esprit seront plus amplement traités. Ils sont de tels qu'ils peuvent être pratiquement atteints par quiconque sans instruction supplémentaire, et au moyen desquels un pas supplémentaire dans la science occulte peut être accompli.

Une discipline particulière doit être patiemment tentée de manière à éviter toute émotion d'impatience, car elle produit un effet paralysant, voire même mortel, sur les facultés supérieures en nous. On ne doit pas s'attendre à ce que d'innombrables aperçus des mondes supérieurs s'ouvrent à nous de jour en jour, car assurément, en règle générale, cela ne se produit pas. La satisfaction avec le moindre progrès, le repos et la tranquillité doivent de plus en plus posséder l'âme. Il est concevable, bien sûr, que l'apprenant puisse attendre avec impatience des résultats, mais il n'atteindra rien tant qu'il n'aura pas maîtrisé cette impatience. Il est également inutile de lutter contre cette impatience de la manière ordinaire, car alors elle ne fera que devenir plus forte que jamais. C'est ainsi que les hommes se trompent, car dans un tel cas, elle s'incruste d'autant plus fermement dans les profondeurs de l'âme. Ce n'est que par le fait de se rendre plusieurs fois à une seule pensée précise, et de la rendre absolument sienne, qu'on atteint réellement quelque chose. On devrait penser : "Je dois certainement faire tout ce qui est possible pour la culture de l'âme et de l'esprit, mais je travaillerai tranquillement jusqu'à ce que, par des pouvoirs supérieurs, je me trouve digne d'une illumination définitive." Lorsque cette pensée est devenue si puissante en un homme qu'elle est un trait réel de son caractère, il emprunte le bon chemin. Ce trait s'exprimera alors même dans les affaires extérieures. Le regard devient tranquille ; les mouvements du corps deviennent sûrs ; les résolutions sont définies ; et tout ce que nous appelons la susceptibilité nerveuse disparaît progressivement. Des règles qui semblent insignifiantes doivent être prises en compte. Par exemple, supposons que quelqu'un nous affronte. Avant de recevoir cette éducation occulte, nous aurions dirigé notre ressentiment contre le fautif ; il y aurait eu une montée de colère en nous. Mais dans un tel cas, l'étudiant en occultisme se dira à lui-même : "Un affront de ce genre ne peut faire aucune différence à ma valeur," et tout ce qui doit être fait pour répondre à l'affront, il l'accomplit avec calme et composure, sans passion. Pour lui, il ne s'agit pas de savoir comment supporter un affront, mais sans hésitation, il est amené à ignorer ou à punir l'affront à sa propre personne exactement de la même manière que s'il avait été offert à un autre, auquel cas on a le droit de le ressentir ou de l'ignorer. Il faut toujours se rappeler, cependant, que l'entraînement occulte n'est pas perfectionné par des processus externes grossiers, mais par des altérations subtiles et silencieuses dans la vie de la pensée et de l'émotion.

La patience a un effet attractif, tandis que l'impatience a un effet répulsif, sur les trésors de la connaissance supérieure. Dans les régions supérieures de l'être, rien ne peut être atteint par la précipitation et l'agitation. Le désir et l'aspiration à des résultats immédiats doivent être réduits au silence, car ce sont des qualités de l'âme devant lesquelles recule toute connaissance supérieure. Quelle que soit la valeur accordée à cette connaissance, on ne doit pas désirer anticiper le moment de sa venue. Et, en outre, celui qui souhaite l'avoir pour lui seul ne l'atteindra jamais. Il est absolument exigé que l'on soit fidèle à soi-même dans son âme la plus profonde. On ne doit pas être trompé par quoi que ce soit ; on doit rencontrer, face à face et avec une vérité absolue, ses propres défauts, faiblesses et inaptitudes. Au moment où vous essayez de vous excuser vous-même pour l'un de vos faiblesses, vous placez un obstacle sur le chemin qui mène vers le haut. Il n'y a qu'un seul moyen de se débarrasser de ces obstacles. Nos fautes et nos faiblesses ne peuvent être éliminées que par l'auto-illumination, et cela en les comprenant correctement. Tout ce qui est nécessaire est latent dans l'âme humaine et peut être évoqué. Un homme améliore immédiatement sa compréhension et sa raison lorsqu'en repos il se rend compte pourquoi il est faible à un égard quelconque. Une connaissance de soi de cette nature est naturellement difficile, car la tentation de se tromper est immeasurément grande. Celui qui est habitué à être honnête avec lui-même a ouvert les portes d'une compréhension plus profonde.

Toute curiosité doit disparaître de l'étudiant. Il doit s'abstenir autant que possible de s'enquérir de choses dont il ne souhaite connaître que pour satisfaire sa soif personnelle d'informations superficielles. Il doit se demander seulement quelles choses l'aideront dans la perfection de son être le plus profond pour le service de l'évolution générale. Néanmoins, son plaisir pour la connaissance et sa dévotion à celle-ci ne doivent en aucun cas se relâcher. Il doit écouter avec dévotion tout ce qui contribue à une telle fin, et devrait rechercher chaque opportunité de le faire.

Pour cette culture intérieure, il est particulièrement nécessaire que la vie des désirs soit soigneusement éduquée. On ne doit pas devenir complètement dépourvu de désir, car si nous devons accomplir quelque chose, il est nécessaire que nous le désirions, et un désir sera toujours satisfait s'il est soutenu par une certaine force spéciale. Cette force particulière résulte d'une connaissance juste : "Ne désirez pas du tout tant que vous ne connaissez pas les véritables conditions de quelque sphère que ce soit." C'est l'une des règles d'or pour l'étudiant en occultisme. Le sage établit d'abord les lois du monde, et ensuite ses désirs deviennent des forces qui se réalisent. Considérons un exemple dans lequel l'effet est évident. Il y a certainement beaucoup de gens qui aimeraient apprendre de leur propre intuition quelque chose sur leur vie avant la naissance. Un tel désir est totalement sans but, et ne conduit à aucun résultat tant que la personne en question n'a pas acquis une connaissance des lois qui régissent la nature de l'Éternel, et une connaissance d'elles dans leur caractère le plus subtil et le plus intime. Mais s'il a effectivement acquis cette connaissance et souhaite ensuite progresser, il est capable de le faire par son désir élevé et purifié.

De plus, il est inutile de se dire : "Oui, j'examinerai immédiatement ma vie précédente et j'étudierai dans ce but." On doit plutôt être prêt à abandonner un tel désir, à l'éliminer complètement, et tout d'abord, apprendre, sans considération de cet objectif. On devrait cultiver la dévotion à la connaissance sans égard aux désirs. Ce n'est qu'alors qu'on entre en possession du désir que nous considérons, d'une manière qui conduit à son propre accomplissement.

De la colère ou de l'irritation surgit une condition défavorable dans le monde spirituel, de sorte que ces forces qui devraient ouvrir les yeux de l'âme sont détournées. Par exemple, si quelqu'un devait m'irriter, il envoie un courant dans le monde de l'âme. Tant que je me laisse irriter, je ne peux pas voir ce courant. Mon propre agacement l'obscurcit. Mais il ne faut pas supposer pour autant que lorsque je ne ressens plus d'irritation, je verrai la vision astrale. Pour voir une vision astrale, il est indispensable que l'œil de l'âme soit déjà développé ; mais la capacité de voir de cette manière est latente en chacun. Et encore une fois, il est vrai que pendant le développement, tant qu'on peut être irrité, la vue reste inactive ; et elle ne se présente pas immédiatement, lorsque l'on a surmonté dans une faible mesure ce sentiment d'irritation.

Il faut persévérer continuellement dans la lutte contre un tel sentiment, et progresser patiemment : alors, un jour, on découvrira que cet œil de l'âme s'est pleinement développé. Bien sûr, l'irritation n'est pas la seule qualité avec laquelle nous devons lutter avant d'atteindre cet objectif. Beaucoup de gens deviennent impatients ou sceptiques, parce qu'ils ont cultivé certaines qualités de l'âme pendant des années et pourtant la clairvoyance n'a pas suivi. Ils n'ont développé que quelques qualités et ont laissé les autres s'épanouir. Le don de clairvoyance se manifeste d'abord lorsque toutes ces qualités qui ne permettent pas le développement des facultés latentes sont supprimées.

Sans aucun doute, les débuts d'une telle audition et vision peuvent apparaître à une période antérieure, mais ce ne sont que de jeunes pousses fragiles sujettes à toutes les erreurs possibles, et qui, si elles ne sont pas soigneusement entretenues, peuvent rapidement mourir. Les qualités contre lesquelles il faut lutter, en plus de la colère et de l'irritation, sont l'ambition, la timidité, la curiosité, la superstition, l'orgueil, la maladie des préjugés, l'amour des commérages inutiles, et le fait d'établir des distinctions en ce qui concerne les êtres humains selon les seuls signes extérieurs de rang, de sexe, de race, et ainsi de suite.

De nos jours, il est difficile pour les gens de comprendre que la lutte contre de telles qualités peut avoir un lien avec une augmentation de la capacité de connaissance. Mais tout adepte d'occultisme est conscient que beaucoup dépend de ces questions bien plus que de l'expansion de l'intellect ou de l'utilisation de pratiques artificielles. Il est particulièrement facile qu'un malentendu sur ce point se produise, dans la mesure où beaucoup croient que l'on devrait cultiver l'audace parce qu'on doit être sans crainte, et que l'on devrait ignorer totalement les différences entre les hommes parce qu'on doit combattre les préjugés de race, de rang, et ainsi de suite.

Plutôt devrait-on d'abord apprendre à apprécier correctement ces différences, alors on n'est plus pris dans les préjugés. Même dans le sens habituel, il est vrai qu'une peur de tout phénomène empêche de l'estimer correctement ; qu'un préjugé racial empêche de regarder dans l'âme d'un homme. L'étudiant en occultisme doit perfectionner son bon sens dans toute son exactitude et sa subtilité.

Même tout ce qu'un homme dit sans l'avoir clairement pensé posera un obstacle sur le chemin de son éducation occulte. En même temps, nous devons ici considérer un point qui ne peut être élucidé qu'en donnant un exemple. Ainsi, si quelqu'un devait dire quelque chose à quoi un autre doit répondre, celui qui répond doit être attentif à considérer l'intention, les sentiments, même les préjugés de cette autre personne, plutôt que ce qu'il a à dire à ce moment sur le sujet en discussion. En d'autres termes, l'étudiant doit s'appliquer vivement à la culture d'un certain tact fin. Il doit apprendre à juger combien cela peut signifier pour cette autre personne si son avis est opposé. Il ne faut pas imaginer un instant qu'il devrait pour cette raison retenir son propre avis. On doit écouter le questionneur aussi attentivement que possible, et à partir de ce qu'on a entendu, formuler sa propre réponse.

Dans de tels cas, il y a une certaine pensée qui reviendra constamment à l'étudiant, et il suivra le bon chemin si cette pensée devient si vitale en lui qu'elle se transforme en un trait de son caractère. La pensée est la suivante : "Il importe peu que mon point de vue soit différent du sien, le point crucial est de savoir s'il découvrira le bon point de vue pour lui-même si je peux y contribuer quelque chose." Par de telles pensées, le mode d'action et le caractère de l'étudiant seront imprégnés de douceur, l'une des qualités les plus essentielles pour la réception de l'enseignement occulte. La rudesse obscurcit cette image interne que l'œil de l'âme doit évoquer, tandis que la douceur élimine beaucoup d'obstacles sur le chemin, et ouvre les organes internes. Avec cette douceur, un autre trait se développera bientôt dans l'âme. Il fera une estimation tranquille de toutes les subtilités de la vie de l'âme autour de lui, sans considérer les émotions de sa propre âme. Et si cet état est atteint, les émotions de l'âme dans l'environnement des autres auront un tel effet sur lui que l'âme en lui grandit, et, grandissant, devient organisée, comme une plante s'étend au soleil. La douceur, la réserve tranquille et la vraie patience ouvrent l'âme au monde des âmes, et l'esprit au royaume des esprits.

Persévérez dans le repos et la retraite ; fermez les sens à ce qu'ils vous ont apporté avant que vous n'ayez commencé votre formation ; mettez dans un silence total tous ces pensées qui, selon vos habitudes antérieures, étaient remuées en vous ; devenez tout à fait calme et silencieux à l'intérieur, attendez avec patience, et alors les mondes supérieurs et tranquilles commenceront à développer la vue de votre âme et l'ouïe de votre esprit.

Ne supposez pas que vous verrez et entendrez immédiatement dans les mondes de l'âme et de l'esprit, car tout ce que vous faites ne fait que contribuer au développement de vos sens supérieurs, et vous ne serez pas en mesure de voir avec l'âme et d'entendre avec l'esprit avant d'avoir acquis dans une certaine mesure ces sens. Lorsque vous avez persévéré pendant un certain temps dans le repos et la retraite, alors occupez-vous de vos affaires quotidiennes, en vous imprimant d'abord à l'esprit la pensée : "Un jour, lorsque je serai prêt, j'atteindrai ce que je dois atteindre." Enfin : "N'essayez en aucun cas d'attirer à vous ces pouvoirs supérieurs par un effort de la volonté." Ce sont des instructions que chaque étudiant occulte reçoit de son enseignant à l'entrée du chemin. S'il les observe, alors il s'améliore ; et s'il ne les observe pas, tout son travail est vain ; mais elles sont difficiles à réaliser pour celui qui n'a ni patience ni persévérance.

Aucun autre obstacle n'existe à part ceux que l'on se crée soi-même, et ceux-ci peuvent être évités par quiconque le veut vraiment. Il est nécessaire d'insister continuellement sur ce point, car beaucoup de gens se font une conception totalement fausse de la difficulté qui se trouve sur le chemin de l'occultisme. Dans un certain sens, il est plus facile d'accomplir les premières étapes de la voie occulte que pour celui qui n'a reçu aucune instruction, de se débarrasser des difficultés de sa vie quotidienne. En outre, il faut comprendre que seules sont ici imparties des choses qui ne sont accompagnées d'aucun danger pour la santé de l'âme ou du corps.

Il existe certaines autres voies qui mènent plus rapidement au but, mais il n'est pas bon d'en parler publiquement, car elles peuvent parfois avoir certains effets sur un homme qui nécessiteraient l'intervention immédiate d'un enseignant expérimenté, et dans tous les cas nécessiteraient sa supervision continue. Maintenant, comme quelque chose concernant ces voies plus rapides se force souvent dans la publicité, il devient nécessaire de donner un avertissement express contre leur adoption sans guidance personnelle. Pour des raisons que seuls les initiés peuvent comprendre, il ne sera jamais possible de donner des instructions publiques concernant ces autres voies sous leur forme véritable, et les fragments qui apparaissent ici et là ne peuvent jamais conduire à quelque chose de profitable, mais peuvent facilement entraîner la ruine de la santé, de la fortune et de la tranquillité d'esprit.

Celui qui ne veut pas se mettre sous la puissance de certaines forces obscures, dont il peut ne rien savoir de la nature et de l'origine, ferait bien d'éviter de se mêler de telles affaires.

On peut ajouter ici quelque chose concernant l'environnement dans lequel les pratiques de l'instruction occulte devraient être entreprises. Cela est d'une grande importance, bien que pour presque chaque homme le cas soit différent. Celui qui pratique dans un environnement rempli uniquement d'intérêts égoïstes, comme par exemple, la lutte moderne pour l'existence, devrait être sûr que ces intérêts n'ont aucune influence sur le développement de ses organes spirituels. Il est vrai que les lois internes de ces organes sont si puissantes que cette influence ne peut pas être fatalement nuisible.
Tout comme un lys, peu importe l'inadéquation de l'environnement dans lequel il peut se trouver, ne peut jamais devenir un chardon, de même l'œil de l'âme ne peut jamais croître à autre chose qu'à sa fin destinée, même s'il est soumis à toutes les influences modernes inverses. Mais il est bon que, dans toutes les circonstances, l'étudiant recherche parfois pour son environnement la tranquillité, la dignité intérieure, la douceur

de la Nature elle-même. Sont particulièrement favorables les conditions de celui qui peut poursuivre ses études occultes dans le monde verdoyant des plantes, ou parmi les montagnes ensoleillées ou le jeu délicieux des choses simples.

Cela développe les organes internes dans un degré d'harmonie difficile à obtenir au milieu du bruit et du mercantilisme d'une ville moderne. Il est également mieux situé que le simple citadin, qui, pendant son enfance au moins, a pu respirer le parfum des pins, contempler les sommets enneigés, ou observer l'activité silencieuse des créatures et des insectes des bois. Pourtant, personne qui est obligé de vivre en ville ne devrait manquer de donner à son âme et à son esprit en évolution la nourriture qui vient des paroles inspirées des grands enseignants de l'homme. Celui qui ne peut pas chaque printemps suivre jour après jour l'épanouissement de la forêt, devrait à sa place absorber dans son cœur les doctrines sublimes de la Bhagavad Gîtâ, ou de l'Évangile de saint Jean, ou de Thomas à Kempis.

Il y a divers chemins vers le sommet de la vision intérieure, mais un bon choix est inestimable.

L'adepte en occultisme pourrait, en effet, dire beaucoup de choses concernant ces voies - beaucoup de choses qui pourraient sembler étranges à un auditeur non initié. Par exemple, supposons que quelqu'un ait avancé loin sur le chemin occulte, et totalement inconscient de sa proximité, peut-être se tient-il à l'entrée de la vue de l'âme et de l'ouïe de l'esprit, et puis il a la chance de passer paisiblement dans sa propre présence, et un bandeau tombe des yeux de son âme. Soudain, il peut voir - sa vision est atteinte ! Un autre, peut-être, est-il allé si loin que ce bandeau n'a besoin que d'être desserré, et par quelque coup du destin cela se produit. Pour un autre, ce même coup pourrait effectivement avoir pour effet de paralyser ses pouvoirs et de miner son énergie, mais pour l'étudiant en occultisme, cela devient l'occasion de son illumination. Peut-être qu'un troisième a patiemment persévéré pendant des années, sans aucun résultat marqué. Soudain, alors qu'il est tranquillement assis dans sa chambre paisible, la lumière l'enveloppe, les murs deviennent transparents, ils disparaissent, et un nouveau monde s'ouvre devant ses yeux ouverts, ou est audible pour son esprit éveillé.

VIII. LES CONDITIONS DU DISCIPLE

Les conditions d'entrée dans une école occulte ne peuvent être formulées de manière arbitraire par qui que ce soit. Elles découlent naturellement de la connaissance occulte. Tout comme un homme ne deviendra jamais peintre s'il ne choisit pas de manier un pinceau, de même personne ne peut recevoir d'enseignement occulte s'il n'est pas disposé à remplir les exigences posées par le maître occulte. En réalité, le maître ne peut donner que des conseils, et c'est ainsi que tout ce qu'il avance doit être considéré. Il a déjà parcouru le chemin de probation qui mène à la connaissance des mondes supérieurs. Par expérience, il sait ce qui est nécessaire, et tout dépend de la libre volonté de chaque individu particulier s'il choisit de suivre le même chemin ou non. Si quelqu'un, sans avoir l'intention de satisfaire aux conditions, devait demander un enseignement occulte à un maître, une telle demande reviendrait à dire : "Apprends-moi à peindre, mais ne me demande pas de manipuler un pinceau." Le maître occulte ne va jamais plus loin, à moins que cela ne soit en accord avec la libre volonté du destinataire. Il faut souligner qu'un simple désir général de connaissance supérieure ne suffit pas, mais beaucoup n'auront probablement que ce désir faible. Pour celui qui n'a que cette idée vague et n'est pas prêt à accepter les conditions spéciales du maître occulte, ce dernier, pour le moment, ne peut rien faire. Cela devrait être gardé à l'esprit par ceux qui se plaignent que les maîtres occultes ne "viennent pas à leur rencontre". Celui qui ne peut pas, ou ne veut pas, remplir les conditions sévères nécessaires, doit pour le moment abandonner l'entraînement occulte. Il est vrai que les conditions sont, en effet, difficiles, et pourtant elles ne sont pas sévères puisque leur accomplissement doit non seulement être, mais doit être, un acte tout à fait volontaire.

Pour celui qui ne se souvient pas de cela, les exigences du maître occulte peuvent facilement sembler une coercition de l'âme ou de la conscience ; car la formation mentionnée ici est fondée sur le développement de la vie intérieure, et c'est le travail du maître de donner des conseils à ce sujet. Et pourtant, si quelque chose est demandé comme résultat d'un choix libre, cela ne peut être considéré comme une entrave. Si quelqu'un dit au maître : "Donne-moi tes secrets, mais laisse-moi mes sentiments et pensées habituels", il fait alors une demande impossible. Un tel individu ne désire rien de plus que de satisfaire sa curiosité et sa soif de sensations, de sorte que pour celui qui adopte une telle attitude, la connaissance occulte ne peut jamais être obtenue.

Considérons maintenant dans leur bon ordre les conditions de discipleship. Il convient de souligner que l'accomplissement complet de l'une quelconque de ces conditions n'est en aucun cas exigé, mais seulement l'effort pour atteindre un tel accomplissement. Personne ne peut atteindre ces idéaux élevés au début, mais le chemin qui mène à leur accomplissement peut être emprunté par tout le monde. C'est la volonté qui compte, l'attitude adoptée en entrant sur le chemin.

La première condition est la direction de l'attention vers l'amélioration de la santé physique et spirituelle. Bien sûr, le discipleship ne dépend pas en premier lieu de la santé d'un homme, mais chacun peut s'efforcer de s'améliorer à cet égard, et seulement d'un homme en bonne santé peut procéder une perception saine. Aucun maître occulte ne refuserait un homme qui n'est pas en bonne santé, mais il est exigé que les élèves aient le désir d'une vie saine. À cet égard, il doit atteindre la plus grande indépendance possible. Les bons conseils des autres, bien que généralement non sollicités, sont reçus par tout le monde, sont en règle générale superflus. Chacun doit s'efforcer de prendre soin de lui-même. Sur le plan physique, il s'agira plus de se prémunir contre les influences nocives que de toute autre chose. En remplissant son devoir, on doit souvent faire des choses qui sont désavantageuses pour la santé. Il faut apprendre comment, au bon moment, placer le devoir plus haut que le souci de la santé ; mais avec un peu de bonne volonté, qu'est-ce qui ne peut pas être omis ? Le devoir doit dans de nombreux cas être considéré comme plus important que la santé, en effet, si nécessaire, plus important que la vie elle-même, mais le disciple ne doit jamais placer le plaisir aussi haut que l'un ou l'autre. Le plaisir pour lui ne peut être qu'un moyen de santé et de vie, et à cet égard, il est absolument nécessaire que nous soyons tout à fait honnêtes et véridiques avec nous-mêmes.

Il est inutile de mener une vie ascétique tant qu'elle est motivée par des motifs similaires à ceux qui donnent naissance à d'autres plaisirs. Il y a des gens qui trouvent satisfaction dans l'ascétisme, tout comme d'autres dans le vin, mais ils ne doivent pas imaginer que l'ascétisme de ce genre les aidera à atteindre la connaissance supérieure. Beaucoup attribuent à leurs circonstances défavorables tout ce qui semble les empêcher de progresser dans cette direction. Ils disent qu'avec leurs conditions de vie, ils ne peuvent pas se développer à un grand degré. Pour d'autres raisons, il peut être souhaitable pour beaucoup de changer leurs conditions de vie, mais personne n'a besoin de le faire dans le but d'une formation occulte. Pour cela, il est seulement nécessaire que l'on fasse pour sa santé autant que l'on trouve possible dans la position que l'on occupe. Tout type de travail peut servir à l'ensemble de l'humanité, et c'est un signe plus sûr de grandeur dans l'âme humaine de percevoir clairement à quel point un emploi petit - peut-être même peu aimable - est nécessaire pour le tout que de penser : "Ce travail n'est pas assez bon pour moi : je suis destiné à quelque chose d'autre."

Il est particulièrement important pour le disciple de s'efforcer d'atteindre une santé spirituelle complète. Dans tous les cas, une vie émotionnelle ou intellectuelle malsaine nous éloigne du chemin de la connaissance supérieure. Les fondations ici sont constituées par une pensée claire et calme, des conceptions fiables et des sentiments stables. Rien ne doit être plus étranger au disciple qu'une inclination vers une vie fantasque, excitée, vers la nervosité, l'ivresse et le fanatisme. Il devrait acquérir une perspective saine sur toutes les circonstances de la vie ; il devrait traverser la vie avec constance et laisser les choses agir sur lui et lui parler en toute tranquillité. Partout où c'est possible, il devrait s'efforcer de rendre justice à la vie. Tout ce qui est unilatéral ou extravagant dans ses goûts et ses critiques doit être évité. Si ce n'est pas le cas, le disciple s'échouera dans un monde de son imagination, au lieu d'atteindre les mondes supérieurs, et à la place de la vérité, ses propres opinions préférées s'affirmeront. Il vaut mieux pour le disciple être "pragmatique" que surexcité et fantasque.

La deuxième condition est celle où l'on doit se sentir comme un maillon dans la vie générale. Beaucoup de choses sont incluses dans l'accomplissement de cette condition, mais chacun ne peut la remplir qu'à sa manière. Si je suis enseignant et que mon élève ne répond pas à ce qui est attendu de lui, je dois d'abord diriger mes sentiments non contre l'élève mais contre moi-même. Je devrais me sentir tellement uni à mon élève que je me demande : "Est-ce que ce qui dans l'élève ne satisfait pas ma demande pourrait peut-être être le résultat de mes propres fautes ?" ou si c'est peut-être son erreur inconsciente, voire vicieuse, en tant qu'enseignant, au lieu de diriger mes sentiments contre lui, je réfléchirai plutôt à la manière dont je dois me comporter moi-même, ou je lui montrerai gentillesse ce qui est juste, afin qu'il puisse à l'avenir mieux satisfaire mes demandes. D'une telle manière de penser, un changement se produira progressivement dans toute l'attitude mentale. Cela vaut pour le plus petit aussi bien que pour le plus grand. De ce point de vue, je regarde un criminel, par exemple, tout à fait différemment de la façon dont je l'aurais regardé autrefois. Je suspend mon jugement et je pense : "Je suis juste un homme comme lui. Peut-être que l'éducation qui, grâce à des circonstances favorables, a été la mienne, et rien d'autre, m'a sauvé d'un sort similaire." Je peux même en venir à la conclusion que si les enseignants qui ont pris soin de moi avaient fait de même pour lui, ce frère à moi aurait été tout à fait différent.

Je réfléchirai au fait que quelque chose qui lui a été refusé m'a été donné, et que je peux peut-être devoir ma bonté au fait qu'il a été ainsi privé de cela. Et alors ne sera-t-il plus difficile de saisir la conception que je suis un maillon dans l'ensemble de l'humanité, et que par conséquent je porte aussi, en partie, la responsabilité de tout ce qui se passe. Par là, il n'est pas sous-entendu qu'une telle pensée doit être immédiatement traduite en action externe. Elle doit être tranquillement cultivée dans l'âme. Elle s'exprimera alors progressivement dans le comportement extérieur d'une personne, et dans de telles affaires chacun ne peut commencer qu'en se réformant lui-même. Il serait futile, dans une telle perspective, de faire des revendications générales sur toute l'humanité. Il est facile de se faire une idée de ce que les hommes devraient être, mais le disciple travaille, non à la surface, mais dans les profondeurs. Et, par conséquent, il serait faux si l'on devait chercher à mettre en relation ces exigences du maître occulte avec des revendications externes ou politiques. En règle générale, les agitateurs politiques savent bien ce qu'ils peuvent exiger des autres, mais ils parlent peu des exigences à leur propre égard.

Maintenant, avec ces exigences sur nous-mêmes, la troisième condition de l'entraînement occulte est intimement liée. L'étudiant doit être capable de réaliser l'idée que ses pensées et ses sentiments sont aussi importants pour le monde que ses actes. Il doit être reconnu qu'il est aussi pernicieux de haïr un semblable que de le frapper. On peut alors discerner aussi qu'en se perfectionnant, on accomplit quelque chose non seulement pour soi-même mais pour le monde entier. Le monde profite autant de pensées et de sentiments purs que de bonnes actions, et tant que l'on ne peut pas croire en cette importance mondiale du Soi intérieur, on n'est pas apte au discipleship. On est imprégné d'une vraie conception de l'importance de l'âme, seulement quand on travaille à ce Soi intérieur comme s'il était au moins aussi important que toutes les choses extérieures. Il faut admettre que nos sentiments produisent un effet autant que l'action de la main.

En disant cela, nous avons déjà mentionné la quatrième condition : l'idée que le véritable être de l'homme ne réside pas dans l'extérieur mais dans l'intérieur. Celui qui se considère simplement comme un produit du monde extérieur, un résultat du monde physique, ne peut réussir dans cet entraînement occulte. Mais celui qui est capable de réaliser cette conception est alors aussi capable de distinguer entre le devoir intérieur et le succès extérieur. Il apprend à reconnaître que l'un ne peut pas être mesuré immédiatement par l'autre. L'étudiant doit apprendre par lui-même la bonne position entre ce qui est demandé par ses conditions extérieures et ce qu'il reconnaît comme le bon comportement pour lui-même. Il ne devrait pas imposer à son environnement quelque chose pour lequel il ne peut avoir aucune appréciation, mais en même temps il doit être totalement libre du désir de ne faire que ce qui peut être apprécié par ceux qui l'entourent. Dans son âme sincère et en quête de sagesse, et seulement là, doit-il rechercher la reconnaissance de ses vérités. Mais de son environnement, il doit apprendre autant qu'il le peut, afin de discerner ce dont ceux qui l'entourent ont besoin, et ce qui leur est utile. De cette manière, il développera en lui-même ce qui est connu en occultisme sous le nom de "balance spirituelle". D'un côté des balances se trouve un cœur ouvert aux besoins du monde extérieur, et de l'autre se trouve une force intérieure et une endurance inébranlable.

Et ici, encore une fois, nous avons fait allusion à la cinquième condition : la fermeté dans la mise en œuvre de toute résolution une fois qu'elle a été prise. Rien ne devrait inciter le disciple à dévier de toute résolution une fois qu'elle est formée, sauf la perception qu'il a commis une erreur. Chaque résolution est une force, et même si une telle force ne produit pas d'effet immédiat sur le point où elle était dirigée, elle fonctionne néanmoins à sa manière. Le succès est d'une grande importance seulement lorsque une action découle du désir, mais toutes les actions qui sont enracinées dans le désir sont sans valeur par rapport aux mondes supérieurs. Là, l'amour dépensé dans une action est seul d'importance. Dans cet amour, tout ce qui pousse l'étudiant à accomplir une action devrait être implanté. Ainsi, il ne se lassera jamais de mettre encore et encore en action une résolution, même s'il a échoué à plusieurs reprises. Et de cette manière, il parvient à la condition dans laquelle il ne compte pas d'abord sur l'effet externe de ses actions, mais se contente de les faire. Il apprendra à sacrifier pour le monde ses actions, voire plus, tout son être, sans se soucier de la façon dont son sacrifice peut être reçu. Celui qui souhaite devenir disciple doit se déclarer prêt à un tel sacrifice, à une telle offrande.

La sixième condition est le développement d'un sens de gratitude à l'égard de tout ce qui concerne l'Homme. On doit réaliser que notre existence est, pour ainsi dire, un don de l'univers tout entier. Pensez seulement à tout ce qui est nécessaire pour que chacun de nous puisse recevoir et maintenir son existence ! Pensez à ce que nous devons à la Nature et aux autres qu'à nous-mêmes ! Ceux qui désirent une formation occulte doivent être enclins à de telles pensées, car celui qui ne peut pas entrer dans de telles pensées sera incapable de développer en lui-même cet amour universel inclusif qu'il est nécessaire de posséder avant de pouvoir accéder à une connaissance supérieure. Ce que nous n'aimons pas ne peut pas se manifester à nous. Et chaque manifestation doit nous remplir de gratitude, sinon nous-mêmes ne serons pas enrichis par elle.

Toutes les conditions énoncées ici doivent être réunies dans une septième : regarder la vie continuellement de la manière exigée par ces conditions. L'étudiant rend ainsi possible de donner à sa vie le cachet de l'uniformité. Toutes ses nombreuses expressions seront, de cette manière, harmonisées et cesseront de se contredire. Et ainsi il se préparera à la paix qu'il doit atteindre pendant les étapes préliminaires de sa formation.

Si une personne a l'intention, sérieusement et sincèrement, de remplir les conditions mentionnées ci-dessus, elle peut alors s'adresser à un enseignant d'occultisme. Ce dernier se trouvera alors prêt à donner les premiers mots de conseil. Toute formalité externe consistera à donner à ces conditions une expression complète, dont la connaissance ne peut être transmise que verbalement à chaque candidat individuel. Puisque tout intérieur doit se manifester de manière extérieure, elles enseignent une leçon très importante. Tout comme un tableau ne peut pas être dit être ici, lorsqu'il n'existe que dans le cerveau du peintre, de même, il ne peut y avoir d'entraînement occulte sans expression extérieure.

Les formes externes sont considérées comme sans valeur par ceux seulement qui ne savent pas que l'interne doit trouver une expression dans l'externe. Il est vrai que c'est l'esprit et non la forme qui compte vraiment ; mais tout comme la forme est vide sans l'esprit, de même l'esprit resterait inactif aussi longtemps qu'il ne pourrait pas créer une forme.

Les conditions stipulées sont conçues de manière à rendre le disciple assez fort pour remplir les autres demandes que le maître doit faire. S'il est défectueux dans l'accomplissement de ces conditions, alors devant chaque nouvelle demande il hésitera. Sans cet accomplissement, il manquera de cette foi en l'homme qu'il est nécessaire pour lui de posséder ; car sur la foi en l'homme et un véritable amour pour l'homme, tout effort vers la vérité doit être fondé. Et l'amour de l'homme doit lentement s'élargir en un amour pour toutes les créatures vivantes, voire, en effet, pour toute l'existence. Celui qui ne remplit pas les conditions ici données ne possédera pas un amour parfait pour toute construction, pour toute création, ni une tendance à s'abstenir de toute destruction et anéantissement en tant que tels. Le disciple doit donc se former de telle manière que, non seulement dans les actes, mais aussi dans les paroles, les pensées et les sentiments, il ne détruira jamais rien pour le simple plaisir de la destruction. Il doit trouver son plaisir dans l'aspect de croissance et de création des choses, et il est seulement justifié d'assister à la destruction apparente de quelque chose lorsque, par un tel réajustement, il peut promouvoir une vie plus grande. Ne pensez pas qu'en disant cela, il est sous-entendu que le disciple puisse permettre le triomphe du mal, mais plutôt qu'il doit s'efforcer de trouver, même dans le mal, ces aspects à travers lesquels il peut le changer en bien. Il verra de plus en plus clairement que le meilleur moyen de combattre l'imperfection et le mal est de créer le parfait et le bien. L'étudiant sait que rien ne peut venir de rien, mais aussi que l'imparfait peut être changé en parfait. Celui qui développe en lui-même la tendance à créer, trouvera bientôt la capacité d'affronter le mal.

Celui qui entre dans une école occulte doit être parfaitement sûr que son intention est de construire et non de détruire. L'étudiant doit donc apporter avec lui la volonté d'un travail sincère et dévoué, et à cette fin, il doit être capable d'une grande dévotion, car on devrait être désireux d'apprendre ce qu'on ne sait pas encore ; il devrait regarder avec révérence ce qui se dévoile. Le travail et la dévotion, voilà les attributs fondamentaux qui doivent être réclamés du disciple. Certains devront découvrir qu'ils ne progressent pas réellement dans l'école, même si à leur propre avis, ils sont inlassablement actifs ; ils n'ont pas saisi de la bonne manière la signification du travail et de la méditation. Ce genre d'apprentissage entrepris sans méditation fera avancer l'étudiant le moins, et le travail fait pour des retours égoïstes sera le moins réussi. Dans l'amour du travail, l'amour de faire un meilleur travail ; oui, l'amour de faire un travail parfait, c'est la qualité qui déploie le pouvoir occulte ; et en se qualifiant pour de meilleures choses, on n'a pas besoin de donner beaucoup d'importance à de plus grands retours. Celui qui apprend et qui recherche des pensées saines et un jugement solide n'a pas besoin de gâcher sa dévotion avec des doutes et des suspicions. Le fait de ne pas s'opposer à une communication qui a été faite, mais de lui accorder une attention due voire de la sympathie, n'implique pas un manque de jugement indépendant. Ceux qui sont parvenus à un stade assez avancé de connaissance sont conscients qu'ils doivent tout à une attention calme et à une assimilation, et non à un jugement personnel obstiné. On doit toujours se rappeler qu'on n'a pas besoin d'apprendre ce qu'on est déjà capable de comprendre. Par conséquent, si on désire seulement juger, on risque d'arrêter d'apprendre. Ce qui est important dans une école occulte, cependant, c'est l'étude : on devrait désirer, de tout cœur, être un étudiant : si on ne peut pas comprendre quelque chose, il vaut bien mieux ne pas juger, de peur de condamner à tort ; il est beaucoup plus sage d'attendre une véritable compréhension. Plus on monte dans l'échelle de la connaissance, plus on a besoin de cette faculté d'écoute calme et dévouée. Toute perception de vérités, toute vie et activité dans le monde de l'esprit, deviennent dans ces régions supérieures délicates et subtiles en comparaison avec les activités de l'esprit ordinaire, et de la vie dans le monde physique.

Plus le domaine d'activité d'un homme s'élargit devant lui, plus la nature de la tâche à accomplir par lui est transcendante. C'est pour cette raison que, bien qu'il n'y ait en réalité qu'un seul fait possible concernant les vérités supérieures, les hommes en viennent à les regarder de points de vue si différents. Il est possible d'arriver à ce seul vrai point de vue si, à travers le travail et la dévotion, on s'est ainsi élevé qu'on puisse réellement contempler la vérité. Seul celui qui juge conformément à des idées préconçues et à des façons habituelles de penser, plutôt que d'une préparation suffisante, peut arriver à une opinion qui diffère de la vraie. Tout comme il n'y a qu'une seule opinion correcte concernant un problème mathématique, il en va de même pour les choses des mondes supérieurs ; mais avant de pouvoir arriver à cette connaissance, il doit d'abord se préparer. La vérité et la vie supérieure résident en effet dans chaque âme humaine, et il est vrai que tout le monde peut et doit tôt ou tard les trouver par lui-même.

L'INITIATION ET SES RÉSULTATS

I. LES CENTRES ASTRALS (CHAKRAS)

L'un des principes essentiels du véritable occultisme est que celui qui s'y consacre doit le faire avec une compréhension totale ; il ne doit entreprendre ni pratiquer quoi que ce soit dont il ne réalise pas les résultats. Un enseignant occulte donnant à une personne des instructions ou des conseils commencera invariablement par expliquer les changements dans le corps, dans l'âme et dans l'esprit, qui se produiront chez celui qui cherche la connaissance supérieure.

Nous allons ici examiner certains de ces effets sur l'âme de l'étudiant occulte, car seul celui qui est conscient de ce qui va être dit peut entreprendre avec une compréhension totale les pratiques qui mèneront à une connaissance des mondes supraphysiques. En effet, on peut dire que ce sont seulement de tels individus qui sont de véritables étudiants occultes. Par le véritable occultisme, toute expérimentation dans l'obscurité est fortement découragée. Celui qui ne veut pas subir à yeux ouverts la période de formation peut devenir un médium, mais tous ces efforts ne peuvent pas le conduire à la clairvoyance telle que l'entend l'occultiste.

Pour ceux qui, de la bonne manière, ont pratiqué les méthodes (concernant l'acquisition de connaissances supraphysiques) qui étaient indiquées dans mon livre intitulé "La Voie de l'Initiation", certains changements se produisent dans ce qu'on appelle "le corps astral" (l'organisme de l'âme). Cet organisme n'est perceptible que pour le clairvoyant. On peut le comparer à un nuage plus ou moins lumineux qui est discerné au milieu du corps physique, et dans ce corps astral, les impulsions, les désirs, les passions et les idées deviennent visibles. Par exemple, les appétits sensuels se manifestent sous la forme d'épanchements rouge foncé d'une forme particulière ; une pensée pure et noble s'exprime dans un épanchement de couleur rougeâtre-violet ; la conception claire d'un penseur logique apparaîtra comme une figure jaune aux contours assez nets ; tandis que la pensée confuse d'un cerveau embrumé se manifeste comme une figure aux contours vagues. Les pensées des personnes aux opinions unilatérales et fermement arrêtées apparaîtront nettes dans leurs contours, mais immobiles ; tandis que celles des personnes qui restent accessibles à d'autres points de vue sont perçues en mouvement, avec des contours variables.

Plus l'étudiant avance maintenant dans son développement psychique, plus son corps astral s'organise régulièrement ; dans le cas d'une personne dont la vie psychique est peu développée, il reste mal organisé et confus. Pourtant, dans un tel corps astral non organisé, le clairvoyant peut percevoir une forme qui se distingue clairement de son environnement. Elle s'étend de l'intérieur de la tête jusqu'au milieu du corps physique. Elle apparaît comme, en un certain sens, un corps indépendant possédant des organes spéciaux. Ces organes, qui vont maintenant être considérés, sont vus comme existant dans les parties suivantes du corps physique : le premier entre les yeux ; le second au niveau du larynx ; le troisième dans la région du cœur ; le quatrième dans ce qu'on appelle le plexus solaire ; tandis que le cinquième et le sixième sont situés dans l'abdomen. De telles formes sont connues techniquement sous le nom de "roues" (chakras) ou "fleurs de lotus".

Elles sont ainsi appelées en raison de leur ressemblance avec des roues ou des fleurs, mais il faut bien comprendre que cette expression n'est pas à prendre au sens littéral, pas plus que lorsqu'on appelle les lobes des poumons les "ailes". Tout le monde sait qu'il ne s'agit pas vraiment d'"ailes", de même il faut se rappeler qu'en ce qui concerne les "roues", on parle simplement de manière figurative. Ces "fleurs de lotus" sont actuellement, chez la personne non développée, de couleurs sombres et sans mouvement — inertes. Chez le clairvoyant, cependant, on voit qu'elles sont en mouvement et de couleur lumineuse. Chez le médium, quelque chose de similaire se produit, bien que de manière différente ; mais cette partie du sujet ne peut maintenant pas être poursuivie davantage. Dès que l'étudiant occulte commence ses pratiques, les fleurs de lotus deviennent d'abord lumineuses ; plus tard, elles commencent à tourner. C'est lorsque cela se produit que la faculté de clairvoyance commence. Car ces "fleurs" sont les organes sensoriels de l'âme, et leurs révolutions manifestent le fait qu'on est capable de percevoir dans le monde supraphysique. Personne ne peut voir quelque chose de supraphysique jusqu'à ce qu'il ait développé de cette manière ses sens astraux.

L'organe sensoriel, qui est situé à proximité du larynx, permet de percevoir clairvoyamment les pensées d'une autre personne, et apporte également une compréhension plus profonde des vraies lois des phénomènes naturels. L'organe situé près du cœur permet une connaissance clairvoyante des sentiments d'une autre personne. Celui qui l'a développé peut également observer certaines des puissances plus profondes chez les animaux et les plantes. Au moyen de l'organe qui se trouve dans le plexus solaire, on acquiert la connaissance des capacités et des talents d'une personne : par cela, on est également en mesure de voir quelles parties dans le ménage de la nature sont jouées par les animaux, les plantes, les pierres, les métaux, les phénomènes atmosphériques, et ainsi de suite.

L'organe situé au larynx a seize "pétales" ou "rayons" ; celui qui est dans la région du cœur en a douze ; celui qui est dans le plexus solaire en a dix. Maintenant, certaines activités de l'âme sont liées au développement de ces organes sensoriels, et celui qui les pratique d'une manière particulière contribue quelque chose au développement des organes astraux concernés. Huit des seize pétales du "lotus" ont déjà été développés lors d'une phase antérieure de l'évolution humaine, dans un passé lointain. À ce développement, l'être humain n'a rien contribué. Il les tenait comme un don de la Nature, lorsqu'il était encore dans un état de conscience rêveur et terne. À ce stade de l'évolution humaine, ils étaient déjà actifs. La manière de leur activité, cependant, était seulement compatible avec l'état de conscience terne déjà mentionné. À mesure que la conscience devenait plus lumineuse, les pétales devenaient obscurs et retiraient leur activité. Les huit autres peuvent être développés par la pratique consciente d'une personne, et après cela, le lotus entier devient à la fois brillant et actif. L'acquisition de certaines capacités dépend du développement de chacun de ces pétales. Cependant, comme déjà montré, on ne peut consciemment développer que huit d'entre eux ; les huit autres réapparaissent spontanément.

Leur développement se fait de la manière suivante. On doit se consacrer avec soin et attention à certaines fonctions de l'âme que l'on exerce généralement de manière négligente et sans attention. Il y a huit de ces fonctions. La première dépend de la manière dont on reçoit les idées. Les gens se laissent généralement guider à cet égard par le hasard seul. Ils entendent ceci et cela, ils voient une chose et une autre, sur quoi ils fondent leurs idées. Tant que c'est le cas, les seize pétales du lotus restent tout à fait inertes. Ce n'est que lorsque l'on commence dans cette affaire à prendre son éducation en main que ces pétales commencent vraiment à être efficaces. Toutes les conceptions doivent être gardées dans ce but. Chaque idée devrait avoir une certaine signification. On devrait y voir un certain message, un fragment de connaissance concernant les choses du monde extérieur, et on ne doit pas se contenter de conceptions qui n'ont pas une telle signification. On devrait ainsi gouverner sa vie mentale de manière à ce qu'elle devienne un miroir du monde extérieur, et diriger ses énergies vers l'expulsion des idées incorrectes.

La deuxième de ces fonctions concerne, de manière similaire, le contrôle des résolutions. On ne devrait prendre des résolutions qu'après une considération bien fondée et complète, même des points les plus insignifiants. Tous les actes irréfléchis, toutes les actions sans signification, doivent être éloignés de l'âme. Pour tout, on doit avoir des motifs bien réfléchis, et on ne devrait jamais faire quelque chose pour lequel il n'y a pas de réel besoin.

La troisième fonction concerne la parole. L'étudiant occulte ne devrait prononcer que ce qui est sensé et intentionnel. Toute parole pour la parole détourne de son chemin. Il doit éviter la méthode habituelle de conversation, dans laquelle toutes sortes de choses, non sélectionnées et hétérogènes, sont abordées ensemble. En accomplissant cela, cependant, il ne doit pas se priver de l'intercourse avec ses semblables. C'est précisément dans une telle intercourse que sa conversation devrait gagner en signification. Il répond à tout le monde, mais il le fait de manière réfléchie et après avoir soigneusement considéré la question. Il ne parle jamais sans motifs à ce qu'il dit. Il cherche à n'utiliser ni trop de mots ni trop peu.

La quatrième fonction est la régulation de l'action extérieure. L'étudiant cherche à diriger ses actions de manière à ce qu'elles s'harmonisent avec celles de ses semblables et avec les particularités de son environnement. Il rejette toutes les actions qui sont perturbatrices pour les autres ou qui sont antagonistes à celles qui sont coutumières autour de lui. Il essaie d'agir de manière à ce que ses actes s'harmonisent harmonieusement avec son environnement, avec sa position dans la vie, et ainsi de suite. Là où il est amené à agir par une suggestion extérieure, il réfléchit soigneusement à la meilleure façon de répondre. Là où il est maître de lui-même, il considère avec le plus grand soin les effets de ses méthodes d'action.

La cinquième activité à remarquer ici réside dans la gestion de toute la vie. L'étudiant occulte s'efforce de vivre conformément à la fois à la Nature et à l'Esprit. Jamais trop hâtif, il n'est jamais non plus oisif. L'indolence et l'activité superflue lui sont également éloignées. Il considère la vie comme un moyen de travailler et il vit en conséquence. Il organise des habitudes et favorise la santé afin qu'une vie harmonieuse en soit le résultat.

La sixième concerne l'effort humain. L'étudiant teste ses capacités et ses connaissances et se comporte à la lumière de cette auto-connaissance. Il essaie de ne rien entreprendre qui soit au-delà de ses capacités ; mais aussi de ne rien omettre pour lequel elles semblent intérieurement adéquates. D'autre part, il se fixe des objectifs qui coïncident avec l'idéal, avec le devoir élevé d'un être humain. Il ne se considère pas simplement de manière semi-automatique comme une roue dans la vaste machinerie de l'humanité, mais s'efforce de comprendre ses problèmes, de regarder au-delà du trivial et du quotidien. Il s'efforce ainsi de remplir ses obligations toujours mieux et plus parfaitement.

Le septième changement dans la vie de son âme concerne l'effort pour apprendre autant de la vie que possible. Rien ne passe devant l'étudiant sans lui donner l'occasion d'accumuler une expérience qui lui soit utile pour la vie. S'il a fait quelque chose de mal ou d'imparfait, cela lui offre plus tard une opportunité de le rendre correspondant soit juste soit parfait. S'il voit d'autres agir, il les observe avec une intention similaire. Il essaie de recueillir de l'expérience un trésor riche, et de le consulter attentivement ; de même, il ne fera rien sans avoir examiné les expériences qui peuvent lui donner de l'aide dans ses décisions et ses actions.

Enfin, le huitième est celui-ci : l'étudiant doit de temps en temps regarder vers l'intérieur, se replier en lui-même, prendre conseil avec soin, construire et tester les fondements de sa vie, passer en revue son stock de connaissances, méditer sur ses devoirs, considérer le contenu et le but de la vie, et ainsi de suite. Tous ces sujets ont déjà été mentionnés dans "La Voie de l'Initiation" (voir page 7) ; ici, ils sont simplement récapitulés en relation avec le développement du lotus à seize pétales. Par le biais de ces exercices, il deviendra de plus en plus parfait, car de telles pratiques sont indispensables pour le développement de la clairvoyance. Par exemple, plus une personne pense et prononce ce qui est en harmonie avec les événements réels du monde extérieur, plus rapidement elle développera cette faculté. Celui qui pense ou dit quelque chose qui est faux tue quelque chose dans le bourgeon du lotus à seize pétales. La vérité, la droiture et l'honnêteté sont dans ce contexte formatrices, mais le mensonge, la simulation et la malhonnêteté sont des forces destructrices. L'étudiant doit reconnaître que ce ne sont pas seulement les "bonnes intentions" qui sont nécessaires, mais aussi les actes réels. Si je pense ou dis quelque chose qui n'est pas en harmonie avec la vérité, je tue quelque chose dans mes organes astraux, même si je croyais parler ou penser avec des intentions aussi bonnes.

C'est ici comme avec l'enfant qui doit se brûler s'il tombe dans le feu, même si cela peut être dû à l'ignorance. La régulation des activités susmentionnées de l'âme de la manière décrite permet au lotus à seize pétales de rayonner dans des couleurs splendides et lui confère un mouvement défini. Il faut cependant remarquer que les signes de la faculté clairvoyante ne peuvent apparaître avant qu'un certain stade de ce développement soit atteint. Tant que c'est un trouble de mener ce genre de vie, la faculté reste non manifestée. Tant que l'on doit penser spécialement aux questions déjà décrites, on n'est pas encore mûr. Ce n'est que lorsque l'on les a menées si loin que l'on vit tout à fait habituellement de la manière spécifiée que les traces préliminaires de la clairvoyance peuvent apparaître. Ces questions ne doivent donc plus sembler troublantes, mais doivent devenir le mode de vie habituel. Il n'est pas nécessaire de se surveiller continuellement, ni de s'obliger à une telle vie. Tout doit devenir habituel. Il y a certaines instructions par l'accomplissement desquelles le lotus peut être amené à fleurir d'une autre manière. Mais de telles méthodes sont rejetées par le véritable occultisme, car elles conduisent à la destruction de la santé physique et à la ruine de la moralité. Elles sont plus faciles à accomplir que celles décrites, qui sont prolongées et laborieuses, mais ces dernières mènent au but véritable et ne peuvent que renforcer la moralité. (L'étudiant remarquera que les pratiques spirituelles décrites ci-dessus correspondent à ce que l'on appelle dans le bouddhisme "le chemin octuple". Ici, le lien entre ce chemin et la construction des organes astraux doit être expliqué.)

Si à tout ce qui a été dit on ajoute l'observation de certaines ordres que l'étudiant ne peut recevoir que verbalement du maître, il en résulte une accélération dans le développement du lotus à seize pétales. Mais de telles instructions ne peuvent être données qu'à l'intérieur des enceintes d'une école occulte. Cependant, la régulation de la vie de la manière décrite est également utile pour ceux qui ne veulent pas, ou ne peuvent pas, s'attacher à une école. Car l'effet sur le corps astral se produit dans tous les cas, même s'il est lent. Pour l'élève occulte, l'observance de ces principes est indispensable. S'il essayait de se former à l'occultisme sans les observer, il ne pourrait entrer dans le monde supérieur qu'avec des yeux mentaux défectueux ; et au lieu de connaître la vérité, il serait alors simplement sujet à la tromperie et à l'illusion. Dans une certaine mesure, il pourrait certes devenir clairvoyant ; mais fondamentalement, rien d'autre qu'une cécité plus complète qu'autrefois ne l'attendrait. Jusqu'à présent, en effet, il se tenait au moins fermement au milieu du monde des sens et y trouvait un certain soutien ; mais maintenant il voit au-delà de ce monde et tombera dans l'erreur à son sujet avant de pouvoir se tenir fermement dans une sphère supérieure. En règle générale, en effet, il ne peut pas distinguer l'erreur de la vérité, et il perd toute direction dans la vie. C'est pourquoi la patience dans de tels cas est essentielle. Il faut toujours se rappeler que le maître occulte ne peut pas aller très loin dans ses instructions à moins qu'un désir ardent pour un développement régulé des fleurs de lotus ne soit déjà présent. Seules des caricatures de ces fleurs pourraient être développées si elles étaient amenées à fleurir avant d'avoir acquis, de manière stable, leur forme appropriée. Car les instructions spéciales du maître provoquent la floraison des fleurs de lotus, mais la forme leur est impartie par le mode de vie déjà décrit.

Le développement irrégulier d'une fleur de lotus a pour résultat non seulement l'illusion et les conceptions fantastiques où une certaine forme de clairvoyance est survenue, mais aussi les erreurs et le manque d'équilibre dans la vie elle-même. À travers un tel développement, on peut bien devenir timide, envieux, vaniteux, entêté, raide, et ainsi de suite, alors qu'on n'avait peut-être aucune de ces caractéristiques jusqu'ici. On a déjà dit que huit pétales du lotus ont été développés il y a longtemps, dans un passé très lointain, et que ceux-ci, au cours de l'éducation occulte, se déploient à nouveau d'eux-mêmes. Dans l'instruction de l'élève, tout soin doit maintenant être donné aux huit autres. Par un enseignement erroné, les premiers peuvent facilement apparaître seuls, et les seconds rester sans attention et inertes. Ce serait le cas particulièrement lorsque trop peu de pensée logique et raisonnable est introduite dans l'instruction. Il est d'une importance suprême que l'étudiant soit une personne sensée et clairvoyante, et d'une importance égale qu'il pratique la plus grande clarté de parole. Les gens qui commencent à pressentir des choses surnaturelles ont tendance à parler de ces choses. De cette façon, ils retardent leur développement. Moins on parle de ces questions, mieux c'est. Seul celui qui est parvenu à un certain stade de clarté devrait en parler.

Au début des instructions, les étudiants occultes sont généralement étonnés de constater combien peu de curiosité le maître manifeste à l'égard de leurs expériences. Il serait préférable pour eux de rester entièrement muets sur ces expériences, et de ne rien dire de plus que le succès ou l'échec de leurs exercices ou de l'observation de leurs instructions. Le maître occulte a tout à fait d'autres moyens d'estimer leur progrès que leurs propres communications. Les huit pétales maintenant en considération deviennent toujours un peu durs à travers une telle communication, là où ils devraient vraiment devenir doux et souples. Une illustration sera donnée pour expliquer cela, non prise du monde surnaturel, mais, pour des raisons de clarté, de la vie ordinaire. Supposons que j'entende une nouvelle et que j'en tire immédiatement une opinion. Peu après, je reçois d'autres nouvelles qui ne sont pas en harmonie avec les informations précédentes. Je suis alors contraint de renverser mon jugement initial. Le résultat de cela est une influence défavorable sur mon lotus à seize pétales. Il aurait été tout autre si, en premier lieu, j'avais suspendu mon jugement ; si, concernant toute l'affaire, j'étais resté intérieurement en pensée et extérieurement en paroles, entièrement silencieux jusqu'à ce que j'aie acquis des bases tout à fait fiables pour la formation de mon jugement. La prudence dans la formation et la prononciation des opinions devient, par degrés, la caractéristique spéciale de l'étudiant occulte. Ainsi, il augmente sa sensibilité aux impressions et aux expériences, qu'il laisse passer sur lui silencieusement afin de recueillir le plus grand nombre possible de faits pour former ses opinions. Il existe dans la fleur de lotus des nuances de couleur bleuâtre-rouge et rouge-rose qui se manifestent sous l'influence d'une telle circonspection, tandis que dans le cas contraire, des nuances orange et rouge foncé apparaîtraient.

Le lotus à douze pétales, qui se trouve dans la région du cœur, est formé de la même manière. La moitié de ses pétales, également, étaient déjà existants et actifs à un stade lointain de l'évolution humaine. Ces six pétales n'ont pas besoin d'être spécialement développés dans l'école occulte : ils apparaissent spontanément et commencent à tourner lorsque nous travaillons sur les six autres. Dans la culture de ceux-ci, comme dans le cas précédent, il faut contrôler et diriger certaines activités de l'esprit d'une manière spéciale.

Il doit être clairement compris que les perceptions de chaque organe astral ou de l'âme ont un caractère particulier. Le lotus à douze pétales possède une perception tout à fait différente de celle des seize pétales. Ce dernier perçoit les formes. Les pensées d'une personne et les lois selon lesquelles un phénomène naturel se produit apparaissent au lotus à seize pétales sous forme de formes - non pas cependant rigides, immobiles, mais actives et remplies de vie. Le clairvoyant, en qui ce sens est bien évolué, peut discerner une forme par laquelle chaque pensée, chaque loi naturelle, trouve son expression. Une pensée de vengeance, par exemple, se manifeste sous la forme d'une forme pointue, dentelée, tandis qu'une pensée de bienveillance prend souvent la forme d'une fleur qui s'ouvre. Les pensées claires et significatives sont formées de manière régulière et symétrique, tandis que les conceptions vagues prennent des contours vagues. Au moyen de la fleur à douze pétales, des perceptions tout à fait différentes sont acquises. On peut indiquer approximativement la nature de ces perceptions en les comparant au sens du froid et de la chaleur. Un clairvoyant équipé de cette faculté ressent une chaleur ou un froid mental rayonnant à partir des formes discernées au moyen du lotus à seize pétales. Si un clairvoyant avait développé le lotus à seize pétales, mais pas le lotus à douze pétales, il n'observerait une pensée de bienveillance que sous la forme déjà décrite, tandis qu'un autre en qui les deux sens sont développés percevrait également ce rayonnement de la pensée que l'on peut appeler chaleur mentale. On peut remarquer en passant que dans l'école occulte, un sens n'est jamais développé sans l'autre, de sorte que ce qui vient d'être dit ne doit être considéré que comme ayant été dit pour des raisons de clarté. Par la culture du lotus à douze pétales, le clairvoyant découvre en lui une profonde compréhension des processus naturels. Tout ce qui croît ou évolue rayonne de la chaleur ; tout ce qui se décompose, périt ou est en ruine, semblera froid.

Le développement de ce sens peut être accéléré de la manière suivante. La première exigence est que l'étudiant s'applique à la régulation de ses pensées. Tout comme le lotus à seize pétales atteint son évolution par le moyen de pensées sérieuses et significatives, le lotus à douze pétales est cultivé par le biais d'un contrôle intérieur sur les courants de pensée. Les pensées errantes qui se suivent sans aucun enchaînement logique ou raisonnable, mais simplement par pur hasard, détruisent la forme du lotus en question. Plus une pensée suit une autre, plus toute pensée déconnectée est rejetée, plus cet organe astral assume sa forme appropriée. Si l'étudiant entend une pensée illogique exprimée, il devrait la corriger silencieusement dans son propre esprit. Il ne devrait pas, dans le but de parfaire son propre développement, se retirer de manière impitoyable de ce qui est peut-être un environnement mental illogique. Il ne devrait pas non plus se sentir poussé à corriger la pensée illogique qui l'entoure. Au contraire, il devrait tranquillement, dans son propre moi intérieur, contraindre ce tourbillon de pensées à suivre un cours logique et raisonnable. Et par-dessus tout, il devrait s'efforcer de réguler ainsi sa propre pensée.

Une deuxième exigence est qu'il devrait contrôler ses actions de la même manière. Toute instabilité ou disharmonie d'action produit un effet desséchant sur la fleur de lotus qui est ici en considération. Si l'étudiant a fait quelque chose, il devrait gérer l'acte suivant de manière à ce qu'il forme une séquence logique avec le premier, car celui qui agit différemment de jour en jour n'évoluera jamais cette faculté ou ce sens.

La troisième exigence est la cultivation de la persévérance. L'étudiant occulte ne se laisse jamais détourner de son objectif par telle ou telle influence tant qu'il continue à croire que c'est le bon. Les obstacles sont pour lui comme des défis à surmonter et ne fournissent jamais de raison de traîner en chemin.

Le quatrième prérequis est la tolérance à l'égard de toutes les personnes et de toutes les circonstances. L'étudiant devrait chercher à éviter toute critique superflue des imperfections et des vices, et devrait plutôt s'efforcer de comprendre tout ce qui lui vient à l'esprit. Tout comme le soleil ne refuse pas sa lumière au mal et aux vices, lui aussi ne devrait pas leur refuser une sympathie intelligente. Si l'étudiant rencontre des problèmes, il ne devrait pas gaspiller sa force dans la critique, mais s'incliner devant la nécessité et chercher comment il peut essayer de transmuter le malheur en bien. Il ne regarde pas les opinions des autres uniquement du point de vue de sa propre perspective, mais cherche à se mettre à la place de son compagnon.

Le cinquième prérequis est l'impartialité dans sa relation avec les affaires de la vie. À cet égard, nous parlons de "confiance" et de "foi". L'étudiant occulte aborde chaque personne et chaque créature avec cette foi, et à travers elle, il agit. Il ne se dit jamais, quand on lui dit quelque chose, "Je ne crois pas cela, car cela va à l'encontre de mes opinions actuelles." Bien au contraire, il est prêt à tout moment à tester et à réorganiser ses opinions et ses idées. Il reste toujours réceptif à tout ce qui lui est confronté. De même, il a confiance en l'efficacité de ce qu'il entreprend. La timidité et le scepticisme sont bannis de son être. S'il a un but en vue, il a aussi confiance en sa puissance. Cent échecs ne peuvent pas lui ôter cette confiance. C'est en effet cette "foi qui peut déplacer des montagnes".

Le sixième prérequis est la culture d'une certaine équanimité. L'étudiant s'efforce de tempérer ses humeurs, qu'elles soient chargées de tristesse ou de joie. Il doit éviter les extrêmes, s'élever dans le ciel dans l'extase ou s'enfoncer dans le désespoir, mais devrait constamment contrôler son esprit et le maintenir en équilibre. La tristesse et le danger, la joie et la prospérité le trouvent également prêt à agir.

Le lecteur de la littérature théosophique trouvera les qualités ici décrites sous le nom des "six attributs" auxquels doit aspirer celui qui veut parvenir à l'initiation. Ici, leur lien avec le sens astral, appelé le lotus à douze pétales, doit être expliqué. L'enseignant peut impartir des instructions spécifiques qui font fleurir le lotus; mais ici, comme auparavant, le développement de sa forme symétrique dépend des attributs déjà mentionnés. Celui qui prête peu ou pas attention à ce développement ne formera cet organe qu'en une caricature de sa forme propre. Il est possible de cultiver une certaine clairvoyance de cette nature en dirigeant ces attributs vers leur côté maléfique au lieu du bien. Une personne peut être intolérante, pusillanime et querelleuse envers son environnement; elle peut, par exemple, percevoir les sentiments des autres et soit s'enfuir d'eux soit les haïr. Cela peut être accentué à tel point que, en raison du froid mental qui lui est envoyé par des opinions contraires aux siennes, il ne peut pas les supporter ou se comporte de manière répréhensible.

La culture mentale qui est importante pour le développement du lotus à dix pétales est d'une nature particulièrement délicate, car il s'agit ici d'apprendre à dominer, d'une manière particulière, les impressions sensorielles elles-mêmes. Il est d'une importance particulière pour le clairvoyant au début, car seule cette faculté peut lui éviter une source d'innombrables illusions et mirages mentaux. Habituellement, une personne n'est pas du tout claire sur les choses qui dominent ses souvenirs et ses fantasmes. Prenons le cas suivant. Quelqu'un voyage en train et se perd dans une pensée. Soudain, ses pensées prennent une tout autre direction. Il se rappelle alors une expérience qu'il a eue il y a quelques années, et l'entrelace avec sa pensée immédiate. Mais il n'a pas remarqué que ses yeux étaient tournés vers la fenêtre et ont été attirés par le regard d'une personne qui ressemble à quelqu'un d'autre qui était intimement lié à l'expérience rappelée. Il reste inconscient de ce qu'il a vu et n'est conscient que des résultats, et il croit donc que toute l'affaire est survenue spontanément. Combien de choses dans la vie se passent ainsi! Nous jouons avec des choses de nos vies que nous avons lues ou vécues sans en faire la connexion dans notre conscience. Quelqu'un, par exemple, ne peut pas supporter une couleur particulière, mais il ne réalise pas que cela est dû au fait que l'instituteur dont il avait peur, il y a de nombreuses années, portait un manteau de cette couleur.

D'innombrables illusions sont basées sur de telles associations. Beaucoup de choses pénètrent dans l'âme sans devenir incarnées dans la conscience. Le cas suivant est un exemple possible. Quelqu'un lit dans le journal la mort d'une personne connue, et tout de suite il est convaincu qu'hier il avait un pressentiment à ce sujet, bien qu'il n'ait vu ni entendu parler de rien qui aurait pu donner lieu à une telle pensée. Il est tout à fait vrai que la pensée que cette personne particulière mourrait est venue hier "d'elle-même", seulement il n'a pas remarqué une chose. Deux ou trois heures avant que cette pensée ne lui soit venue hier, il est allé rendre visite à un ami. Un journal était sur la table, mais il ne l'a pas lu. Pourtant, inconsciemment, ses yeux sont tombés sur un compte rendu de la maladie dangereuse dans laquelle la personne concernée était couchée. Il n'était pas conscient de l'impression, mais les effets de celle-ci étaient, en réalité, toute la substance du "pressentiment".

Si l'on réfléchit à de telles questions, on peut mesurer à quel point elles fournissent une source profonde d'illusion et de fantasme. C'est cela que celui qui désire favoriser le lotus à dix pétales doit damner, car grâce à ce dernier, on peut percevoir des caractéristiques profondément ancrées chez les êtres humains et autres êtres. Mais la vérité ne peut être extraite de ces perceptions que si l'on s'est entièrement libéré des illusions ici décrites. À cette fin, il est nécessaire que l'on devienne maître de ce qui est apporté à l'un de l'extérieur. Il faut étendre cette maîtrise si loin que véritablement on ne reçoive que ces influences auxquelles on dirige volontairement l'attention, et que l'on empêche réellement ces impressions qui pourraient autrement être enregistrées inconsciemment. Ce qui est vu doit être vu volontairement, et ce à quoi on n'accorde pas d'attention doit réellement ne plus exister pour soi-même. Plus l'âme fait son travail intérieur avec vitalité et énergie, plus elle acquiert ce pouvoir. L'étudiant occulte doit éviter toutes les divagations vagues de la vue ou de l'ouïe. Pour lui, seules existent les choses auxquelles il tourne son œil ou son oreille. Il doit pratiquer le pouvoir de ne rien entendre même dans la plus forte perturbation lorsqu'il ne veut rien entendre: il doit rendre ses yeux insensibles aux choses qu'il ne désire pas spécialement remarquer. Il doit être protégé comme par une armure mentale de toutes les impressions inconscientes. Mais dans la région de ses pensées en particulier, il doit s'appliquer à cet égard. Il met une pensée devant lui et ne cherche à penser que des pensées qui, en pleine conscience et liberté, peuvent être liées à celle-ci. L'imagination qu'il rejette. S'il se trouve enclin à relier une pensée à une autre, il cherche soigneusement à découvrir comment cette dernière pensée lui est venue. Il va encore plus loin. Si, par exemple, il a une antipathie particulière pour quelque chose, il luttera avec cela et s'efforcera de trouver une certaine connexion consciente entre l'antipathie et son objet. De cette manière, les éléments inconscients de son âme deviennent de moins en moins nombreux. Ce n'est que par une telle auto-analyse sévère que le lotus à dix pétales peut atteindre la forme qu'il doit posséder. La vie mentale de l'étudiant occulte doit être une vie attentive, et il doit savoir comment ignorer complètement tout ce qu'il ne souhaite pas, ou ne devrait pas, observer.

Si une telle introspection est suivie d'une méditation, prescrite par les instructions du maître, la fleur de lotus dans la région du creux de l'estomac fleurit de la manière correcte, et ce qui était apparu (aux sens astraux déjà décrits) sous forme et chaleur acquiert aussi les caractéristiques de lumière et de couleur. À travers cela, par exemple, les talents et les capacités des gens, les pouvoirs et les attributs cachés de la Nature sont révélés. L'aura colorée de la créature vivante devient alors visible; tout ce qui nous entoure manifeste alors ses attributs spirituels. Il sera évident que la plus grande prudence est nécessaire dans le développement de cette province, car le jeu des souvenirs inconscients y est extrêmement actif. Si tel n'était pas le cas, de nombreuses personnes posséderaient le sens maintenant en considération, car il apparaît presque immédiatement si une personne a vraiment maîtrisé ses sens de sorte qu'ils ne dépendent que de son attention ou de son inattention. Seulement tant que la domination des sens maintient l'âme dans la soumission et la léthargie, reste-t-elle inactive.

Plus difficile que le développement de ce lotus est celui de la fleur à six pétales qui est située au centre du corps. Car pour cultiver celui-ci, il est nécessaire de lutter après une maîtrise complète de toute la personnalité par le moyen de la conscience de soi, de sorte que le corps, l'âme et l'esprit ne fassent qu'une seule harmonie. Les fonctions du corps, les inclinations et les passions de l'âme, les pensées et les idées de l'esprit doivent être amenées à une union complète les unes avec les autres. Le corps doit être si raffiné et purifié que ses organes n'assimilent rien qui ne puisse pas être au service de l'âme et de l'esprit. L'âme ne doit pas assimiler à travers le corps, que ce soit de la passion ou du désir, qui soit antagoniste aux pensées pures et nobles. L'esprit ne doit pas dominer l'âme avec des lois et des obligations comme un propriétaire d'esclave, mais plutôt l'âme doit apprendre à suivre par inclination et libre choix ces lois et devoirs. Les devoirs d'un étudiant occulte ne doivent pas le gouverner comme par une puissance à laquelle il se soumet malgré lui, mais plutôt comme par quelque chose qu'il accomplit parce qu'il le veut. Il doit évoluer une âme libre qui a atteint un équilibre entre le sens et l'esprit. Il doit pousser cela si loin qu'il puisse s'abandonner au sens parce qu'il a été si ennobli qu'il a perdu le pouvoir de le tirer vers le bas. Il ne doit plus avoir besoin de freiner ses passions, dans la mesure où elles suivent le bien d'elles-mêmes. Tant qu'une personne doit se châtier elle-même, elle ne peut pas atteindre un certain stade de l'éducation occulte, car une vertu à laquelle on doit se contraindre est alors sans valeur. Tant qu'on conserve un désir, même si on lutte pour ne pas y céder, cela perturbe son développement, et cela n'a pas d'importance que cet appétit soit de l'âme ou du corps. Par exemple, si quelqu'un évite un stimulant particulier dans le but de se purifier en affinant ses plaisirs, cela ne peut lui être bénéfique que si son corps ne souffre rien de cette privation. Si tel n'est pas le cas, c'est un signe que le corps a besoin du stimulant, et la renonciation est alors sans valeur. Dans ce cas, il peut même être vrai que la personne en question doit d'abord renoncer au but désirable et attendre que des conditions favorables - peut-être seulement dans une autre vie - l'entourent. Une renonciation tempérée est, dans certaines circonstances, une acquisition beaucoup plus grande que la lutte pour quelque chose qui, dans des conditions données, reste inatteignable. En effet, une telle renonciation tempérée contribue plus que cette lutte à son développement.

Celui qui a évolué le lotus à six pétales peut communiquer avec des êtres qui sont natifs des mondes supérieurs, même alors seulement si leur présence se manifeste dans le monde astral ou de l'âme. Dans une école occulte, cependant, aucune instruction concernant le développement de cette fleur de lotus ne serait impartie avant que l'étudiant n'ait assez avancé sur le chemin de l'ascension pour permettre à son esprit de monter dans un monde encore plus élevé. La formation de ces fleurs de lotus doit toujours être accompagnée d'une entrée dans cette sphère vraiment spirituelle. Sinon, l'étudiant tomberait dans l'erreur et l'incertitude. Il serait sans aucun doute capable de voir, mais il resterait incapable d'estimer correctement les phénomènes qui y sont vus. Maintenant, celui qui a appris à développer le lotus à six pétales possède déjà une sécurité contre l'erreur et le vertige, car personne qui a acquis un équilibre complet du sens (ou du corps), de la passion (ou de l'âme) et de la pensée (ou de l'esprit) ne sera facilement entraîné dans des erreurs. Rien n'est plus essentiel que cette sécurité lorsque, par le développement du lotus à six pétales, des êtres doués de vie et d'indépendance, et appartenant à un monde si complètement caché à ses sens physiques, se révèlent devant l'esprit de l'étudiant. Pour assurer la sécurité nécessaire dans ce monde, il ne suffit pas d'avoir cultivé les fleurs de lotus, car il doit avoir à sa disposition des organes encore plus élevés.

II. LE CORPS ÉTHÉRIQUE

La culture du corps astral, telle qu'elle a été décrite dans le chapitre précédent, permet à une personne de percevoir des phénomènes suprasensoriels, mais celui qui voudrait vraiment se frayer un chemin dans le monde astral ne doit pas s'attarder à ce stade d'évolution. Le simple mouvement des fleurs de lotus ne suffit pas vraiment. L'étudiant doit être capable de réguler et de contrôler indépendamment le mouvement de ses organes astraux, et ce, avec une conscience complète. Sinon, il deviendrait, pour ainsi dire, un jouet entre les mains de forces et de pouvoirs externes. S'il ne souhaite pas devenir tel, il doit acquérir la faculté d'entendre ce qui est connu sous le nom de "mot intérieur", et pour cela, il est nécessaire de développer non seulement le corps astral mais aussi le corps éthérique.

Ce dernier est le corps subtil qui, aux yeux du clairvoyant, apparaît comme une sorte de spectre du corps physique. Il est en quelque sorte un médium entre le corps physique et le corps astral. Si l'on est doté de pouvoirs clairvoyants, on peut tout à fait suggérer consciemment le corps physique d'une personne. Sur ce plan supérieur, ce n'est rien de plus qu'un exercice ordinaire de son attention. Tout comme une personne peut retirer son attention de tout ce qui est devant elle pour qu'il cesse d'exister pour elle, de même le clairvoyant peut effacer un corps physique de son observation pour le rendre, pour lui, physiquement transparent. S'il applique ce pouvoir à une personne qui se tient devant lui, rien ne subsiste dans sa vision de l'âme excepté le corps éthérique et le corps astral, ce dernier étant plus grand que les deux autres et les pénétrant tous les deux.

Le corps éthérique a à peu près la taille et la forme du corps physique, de sorte qu'il remplit pratiquement le même espace. C'est un véhicule extrêmement délicat et finement organisé. Sa couleur principale est différente des sept couleurs contenues dans l'arc-en-ciel. Celui qui est capable de l'observer est introduit dans une couleur qui n'est pas observable par les perceptions sensorielles. On peut la comparer à la couleur d'une jeune fleur de pêcher aussi précisément qu'à n'importe quelle autre. Si l'on désire contempler le corps éthérique seul, il faut éteindre son observation du corps astral par un exercice d'attention similaire à celui déjà suggéré. Si l'on omet de le faire, sa vision du corps éthérique est confuse en raison de la complète interpenetration du corps astral.

Maintenant, les particules de ce corps éthérique sont en mouvement continu. D'innombrables courants le traversent dans toutes les directions. Par ces courants, la vie même est soutenue et régulée. Tout corps qui possède la vie, y compris les animaux et les plantes, possède un tel double éthérique. Même dans les minéraux, il y a des traces de cela perceptibles pour l'observateur attentif. Ces courants et mouvements sont presque entièrement indépendants de la volonté et de la conscience humaines, tout comme l'action du cœur ou de l'estomac dans le corps physique est indépendante de notre volonté. Tant qu'une personne ne prend pas son développement (au sens d'acquérir des facultés suprasensorielles) en main, cette indépendance demeure.

Car à un certain stade de son développement, celui-ci consiste précisément à ajouter aux manifestations et mouvements inconscients et indépendants du corps éthérique ce par quoi l'individu est capable de les influencer de manière consciente lui-même.

Lorsque son éducation occulte a progressé au point que les fleurs de lotus décrites dans les chapitres précédents commencent à s'agiter, l'étudiant reçoit certaines instructions qui conduisent à l'évocation de courants et de mouvements particuliers à l'intérieur de son corps éthérique. L'objectif de ces instructions est de façonner dans la région du cœur physique une sorte de centre à partir duquel ces manifestations et mouvements, avec leurs formes et leurs couleurs multiples, peuvent s'épanouir. Le centre est, en réalité, non seulement un point donné, mais une structure des plus complexes, un organe vraiment merveilleux. Il brille et scintille de toutes sortes de couleurs et affiche des formes d'une grande symétrie - des formes capables de se transformer avec une vitesse étonnante. D'autres formes et manifestations de couleur émanent de cet organe vers les autres parties du corps, ainsi que vers celles du corps astral, qu'ils pénètrent et illuminent entièrement.

Les rayons les plus importants se dirigent cependant vers les fleurs de lotus. Ils imprègnent chaque pétale et régulent ses révolutions; puis, en se diffusant aux points des pétales, ils se perdent dans l'espace environnant. Plus une personne est évoluée, plus le rayon d'action de ces rayons est étendu.

La fleur de lotus à douze pétales est étroitement liée au centre déjà décrit. Les rayons s'y dirigent directement, et de là partent, d'un côté, vers les fleurs à seize et à deux pétales, et, de l'autre côté, vers les fleurs de huit, de six et de quatre pétales. C'est pourquoi il faut accorder la plus grande attention au développement de la fleur de lotus à douze pétales. Si une imperfection y est autorisée, la formation entière de toute la structure demeure désordonnée.

D'après ce qui a été dit, on peut imaginer à quel point cette éducation occulte est délicate et intime, et à quel point on doit se conduire strictement pour que tout se développe de la manière appropriée. Il sera maintenant tout à fait évident que l'instruction concernant le développement des facultés suprasensorielles ne peut être donnée que par quelqu'un qui a déjà vécu tout ce qu'il souhaite éveiller chez un autre, et qui est indiscutablement en mesure de savoir si ses instructions seront couronnées de succès.

Si l'étudiant suit ce qui lui est prescrit dans ces instructions, il introduit dans son corps éthérique des manifestations et des vibrations qui sont en harmonie avec les lois et l'évolution du monde auquel il appartient. Par conséquent, ces instructions sont le reflet des grandes lois qui gouvernent le développement du monde. Elles consistent en exercices spéciaux de méditation et de concentration, qui, s'ils sont pratiqués de manière appropriée, produisent les résultats décrits. Le contenu de ces instructions ne peut être transmis à l'individu que pendant son éducation occulte. À certains moments, ces instructions doivent imprégner entièrement son âme de leur contenu, de sorte qu'il soit intérieurement, pour ainsi dire, rempli de celui-ci.

Il commence tout simplement par ce qui est nécessaire avant tout, un approfondissement et une intériorisation de la pensée rationnelle et raisonnable de la tête. Cette pensée est ainsi libérée et indépendante de toutes les impressions sensorielles ou expériences. Elle est en quelque sorte concentrée en un point qui est entièrement sous le contrôle de l'individu. En faisant cela, un centre préliminaire pour les rayons du corps éthérique est formé. Ce centre n'est pas encore dans la région du cœur, mais dans celle de la tête, et il apparaît au clairvoyant comme le point de départ des vibrations. Seul un tel cours d'éducation occulte est couronné de succès lorsqu'il crée ce centre en premier lieu.
Si ce centre était transféré dès le départ dans la région

du cœur, le clairvoyant pourrait sans doute entrevoir les mondes supérieurs; mais il lui manquerait encore une véritable compréhension de la connexion entre ces mondes supérieurs et celui de nos sens, et ceci, pour l'individu à un certain stade de l'évolution mondiale, est une nécessité inconditionnelle. Le clairvoyant ne doit pas devenir un simple enthousiaste; il doit conserver son ancrage sur la terre ferme.

Le centre dans la tête, lorsqu'il est bien établi, est ensuite transféré plus bas, c'est-à-dire dans la région du larynx. Ce changement est à nouveau induit par un exercice particulier de concentration. Ensuite, les vibrations caractéristiques du corps éthérique jaillissent de ce point, et illuminent l'espace astral qui entoure l'individu.

Un autre exercice permet à l'étudiant de déterminer lui-même la position de son corps éthérique. Jusqu'à présent, cette position dépendait des forces qui venaient de l'extérieur ou émanaient du corps physique. Grâce à un tel développement, l'individu est capable de diriger le corps éthérique de tous côtés. Cette faculté est obtenue par des manifestations qui se déplacent approximativement le long des deux mains et sont centrées dans les fleurs de lotus à deux pétales situées dans la région des yeux. En résultat de tout cela, les rayons qui jaillissent du larynx prennent la forme de cercles dont une quantité part vers la fleur de lotus à deux pétales, et de là suivent leur chemin sous forme de courants ondulants le long des mains.

On constate comme un développement supplémentaire que ces courants se ramifient, se ramifient de manière délicate, et deviennent en un certain sens comme du tissu de vannerie, de sorte que l'ensemble du corps éthérique est pris dans un réseau.

Comme jusqu'à présent, le corps éthérique n'avait pas de fermeture aux éléments extérieurs, de sorte que les courants de vie du grand océan de vie circulaient librement dedans et dehors, il devient maintenant nécessaire que les impacts de l'extérieur passent à travers cette cuticule. Ainsi, l'individu devient sensible à ces courants extérieurs : ils deviennent perceptibles pour lui. Le moment est maintenant venu de donner au système complet de rayons et de vibrations un centre dans le cœur. Cela se fait encore une fois par le biais d'un exercice méditatif et concentratif, et simultanément l'étudiant atteint le point où il peut entendre le "mot intérieur".

Tout acquiert désormais pour lui une nouvelle signification. Ils deviennent audibles, pour ainsi dire, dans leur nature la plus profonde ; ils lui parlent depuis leur vrai être. Les courants déjà décrits le mettent en contact avec l'intérieur du monde auquel ils appartiennent. Il commence à mêler sa vie à celle de son environnement, et peut laisser résonner ses vibrations dans les fleurs de lotus. Ainsi, l'individu entre dans le monde spirituel. S'il est parvenu jusque-là, il acquiert une nouvelle compréhension de tout ce que les grands enseignants de l'humanité ont énoncé. Les paroles du Bouddha, par exemple, produisent maintenant sur lui un nouvel effet. Elles le pénètrent d'une béatitude dont il n'avait jamais rêvé auparavant. Car le son des mots suit maintenant les mouvements et les rythmes qu'il a formés en lui-même. Il est maintenant capable de savoir directement comment une personne comme le Bouddha n'a pas proclamé ses propres révélations individuelles, mais celles qui ont coulé en lui depuis l'être intérieur de toutes choses. Un fait doit ici être expliqué, qui ne peut être compris que dans la lumière de ce qui a déjà été dit. Les nombreuses répétitions dans les paroles du Bouddha ne sont pas correctement comprises par les gens de notre stade évolutif actuel. Pour l'étudiant occulte, elles sont comme quelque chose sur quoi il peut volontiers laisser reposer ses sens intérieurs, car elles correspondent à certains mouvements rythmiques dans le corps éthérique. La méditation dévotionnelle sur ceux-ci, avec une paix intérieure complète, crée une harmonie avec ces mouvements, et parce qu'ils sont eux-mêmes des échos de certains rythmes universels qui se répètent également à certains points et retournent régulièrement à leurs modes antérieurs, l'individu, en écoutant la sagesse du Bouddha, se met en harmonie avec les secrets de l'univers.

Dans les manuels théosophiques, nous rencontrons quatre attributs que l'étudiant doit développer sur ce qu'on appelle le chemin probationnaire, afin d'atteindre la connaissance supérieure. Le premier est la faculté de discriminer entre l'éternel et le temporel, le vrai et le faux, la vérité et simple opinion. Le second est une juste estimation de l'éternel et du vrai par opposition à ce qui est périssable et illusoire. La troisième faculté est celle de pratiquer les six qualités déjà mentionnées dans les chapitres précédents : le contrôle de la pensée, le contrôle de l'action, la persévérance, la tolérance, la bonne foi et l'équanimité. Le quatrième attribut nécessaire est le désir de liberté. Une simple compréhension intellectuelle de ce qui est inclus dans ces attributs est totalement inutile. Ils doivent être si bien incorporés dans l'âme qu'ils perdurent comme des habitudes intérieures. Prenons, par exemple, le premier de ces attributs : la discrimination entre l'éternel et le temporel. On doit s'éduquer de telle manière que naturellement on discrimine en tout ce qui se présente à soi entre ses caractéristiques impermanentes et celles qui perdureront. Cela ne peut être accompli que si, dans son observation du monde extérieur, on continue encore et encore à faire cette tentative. Enfin, le regard discerne de manière tout à fait naturelle ce qui perdure, tout comme auparavant il s'était contenté de l'impermanent. "Tout ce qui est impermanent n'est qu'une parabole" — c'est une vérité qui devient une conviction évidente pour l'âme. Et ainsi, il doit en être de même pour les autres des quatre attributs sur le chemin probationnaire.

Sous l'influence de ces quatre habitudes spirituelles, le corps éthérique se transforme effectivement. Par le premier — la discrimination entre le vrai et le faux — le centre déjà décrit se forme dans la tête et celui dans le larynx est préparé. Les exercices de concentration, mentionnés précédemment, sont avant tout essentiels à toute véritable formation. Ce sont eux qui créent, tandis que les quatre habitudes spirituelles amènent à maturation. Si le centre dans le larynx a été préparé, le contrôle libre du corps éthérique, comme expliqué précédemment, suivra, et sa séparation, son enveloppe en réseau, sera produite par l'estimation correcte de l'éternel par opposition à l'impermanent. Si l'étudiant acquiert ce pouvoir d'estimation, les faits des mondes supérieurs deviendront progressivement perceptibles. Mais il ne faut pas penser qu'il suffit de réaliser les actions qui semblent importantes mesurées par l'intellect seul. La plus petite action, chaque petite chose accomplie, a quelque chose d'important dans le vaste ménage du monde, et il suffit seulement de devenir conscient de cette importance. Il ne s'agit pas de sous-estimer les affaires quotidiennes de la vie, mais de les estimer correctement. Assez a été dit dans le chapitre précédent des six vertus dont le troisième attribut est composé.

Elles sont liées au développement de la fleur de lotus à douze pétales dans la région du cœur, et cela, comme déjà indiqué, est associé au courant de vie du corps éthérique. Le quatrième attribut, qui est le désir de liberté, sert à mener à maturation l'organe éthérique situé dans le cœur. Si ces attributs sont devenus de véritables habitudes spirituelles, l'individu se libère de tout ce qui dépend seulement des capacités de sa nature personnelle. Il cesse de contempler les choses depuis son propre point de vue séparé. Les limites de son moi étroit, qui l'attachent à cette perspective, disparaissent. Les secrets du monde spirituel se révèlent à son moi intérieur. C'est la libération. Car tous les liens contraignent l'individu à considérer les choses et les êtres comme s'ils correspondaient à ses limites personnelles. De cette manière personnelle de considérer les choses, l'étudiant occulte doit devenir indépendant et libre.

Il est donc clair que les écrits qui ont émané des grands sages peuvent devenir efficaces dans les profondeurs les plus intimes de la nature humaine. Les énoncés concernant les quatre attributs sont justement de telles émanations de la "sagesse primordiale". On peut les trouver sous une forme ou une autre dans toutes les grandes religions. Les fondateurs des grandes religions n'ont pas donné à l'humanité ces enseignements à partir d'un sentiment vague. Ils les ont fondés sur des bases beaucoup plus solides, car ils étaient de puissants Initiés. C'est de leur connaissance qu'ils ont façonné leurs enseignements moraux. Ils savaient comment ceux-ci réagiraient sur la nature plus fine des hommes, et souhaitaient que la culture de ces qualités conduise progressivement à l'organisation de cette nature plus fine. Vivre selon ces grandes religions, c'est travailler à sa propre perfection spirituelle, et ce n'est que de cette manière que l'on peut vraiment servir le monde. L'autoperfectionnement n'est en aucun cas égoïste, car l'homme imparfait est également un serviteur imparfait de l'humanité et du monde. Plus on devient parfait, plus on sert le monde. "Si la rose s'orne, elle orne le jardin."

Les fondateurs des religions sont donc les grands magiciens. Ce qui émane d'eux coule dans les âmes des hommes et des femmes, et ainsi avec l'humanité, le monde entier avance. Les fondateurs des religions ont travaillé consciemment avec ce processus évolutif de l'humanité. On ne comprend vraiment la vraie signification des instructions religieuses que lorsqu'on réalise qu'elles sont le résultat d'une connaissance réelle concernant les profondeurs les plus intimes de la nature humaine.

Les leaders religieux étaient de puissants sages, et c'est de leur connaissance que les idéaux de l'humanité ont jailli. Pourtant, l'individu se rapproche de ces leaders lorsqu'il s'élève dans sa propre évolution à leurs hauteurs.

Si une personne a évolué son corps éthérique de la manière décrite, une vie entièrement nouvelle s'ouvre devant elle, et au moment approprié de son entraînement, elle reçoit maintenant cette illumination qui l'adapte à cette nouvelle existence. Par exemple, il voit (par le biais de la fleur de lotus à seize pétales) les formes d'un monde supérieur. Il doit alors réaliser à quel point ces formes sont différentes lorsqu'elles sont causées par tel ou tel objet ou être. En premier lieu, il devrait remarquer qu'il est capable, d'une certaine manière, d'influencer certaines de ces formes très puissamment par ses pensées et ses sentiments, mais d'autres pas du tout, ou seulement dans une certaine mesure. Une espèce de ces figures sera modifiée immédiatement si l'observateur pense à lui-même quand elles apparaissent, "c'est beau", puis au cours de sa contemplation change sa pensée et pense "c'est utile". Il est particulièrement caractéristique des formes qui proviennent des minéraux ou des objets fabriqués artificiellement qu'elles possèdent la particularité de changer sous chaque pensée ou sentiment qui leur est dirigé par l'observateur. Dans une moindre mesure, cela est également vrai des formes qui proviennent des plantes, et dans une mesure encore plus petite de celles qui sont liées aux animaux. Ces formes sont pleines de vie et de mouvement, mais ce mouvement ne concerne que la partie qui est sous l'influence de la pensée ou du sentiment humain, et dans les autres parties, il est effectué par des forces sur lesquelles une personne ne peut exercer aucune influence. Maintenant, il apparaît dans ce monde entier une espèce de formes qui sont presque entièrement insensibles aux activités de la part des êtres humains. L'étudiant peut se convaincre que ces formes proviennent soit des minéraux soit des formes artificielles, et non des animaux ou des plantes.

Pour clarifier ces choses, il doit maintenant observer ces formes qu'il peut réaliser être issues des sentiments, des impulsions et des passions des êtres humains. Pourtant, il peut constater que sur ces formes, ses propres pensées et sentiments exercent encore quelque influence, même si elle est relativement faible. Il reste toujours un résidu de formes dans ce monde sur lequel toutes ces influences sont de moins en moins efficaces. En effet, ce résidu comprend une très grande proportion de ces formes qui sont généralement discernées par l'étudiant au début de sa carrière. Il ne peut s'éclairer sur la nature de cette espèce qu'en s'observant lui-même. Il apprend alors qu'elles ont été produites par lui-même, que ce qu'il fait ou souhaite ou veut trouve son expression dans ces formes. Une impulsion qui habite en lui, un désir qu'il possède, un dessein qu'il nourrit, et ainsi de suite, se manifestent dans ces formes ; en effet, tout son caractère se manifeste dans ce monde de formes. Par ses pensées et ses sentiments, une personne peut exercer une influence sur toutes les formes qui ne viennent pas de lui-même ; mais sur celles qui sont envoyées dans le monde supérieur depuis son propre être, il ne possède aucun pouvoir une fois qu'il les a créées.

Il découle de ce qui a été dit que de ce aspect supérieur de la nature intérieure humaine, son propre monde d'impulsions, de désirs et de conceptions se montre dans des formes extérieures, tout comme tous les autres êtres ou objets. Pour la connaissance supérieure, le monde intérieur apparaît comme une partie du monde extérieur. Tout comme quelqu'un dans le monde physique qui serait entouré de miroirs pourrait regarder sa forme physique de cette manière, de même, dans un monde supérieur, le moi spirituel de l'homme lui apparaît comme une image reflétée dans un miroir.

À ce stade de développement, l'étudiant en arrive au point où il surmonte l'« illusion du moi personnel », comme cela a été exprimé dans les livres théosophiques. Il peut maintenant considérer cette personnalité intérieure comme quelque chose d'externe à lui-même, tout comme précédemment il reconnaissait comme externe les choses qui affectaient ses sens.

Ainsi, il apprend par expérience progressive à se maîtriser lui-même comme jusqu'à présent il maîtrisait les êtres autour de lui. Si quelqu'un obtient une vue de ce monde supérieur avant que sa nature n'ait été suffisamment préparée, il se tient devant l'image-caractère de sa propre âme comme devant une énigme. Là, ses propres impulsions et passions lui font face sous les formes d'animaux ou, plus rarement, d'êtres humains. Il est vrai que les formes animales de ce monde n'ont jamais tout à fait l'apparence de celles dans le monde physique, mais elles possèdent quand même une lointaine ressemblance. Pour l'observateur inexpérimenté, elles peuvent facilement être prises pour les mêmes. Lorsque l'on pénètre dans ce monde, on doit adopter une méthode entièrement nouvelle pour former ses jugements. Car, voyant que ces choses qui appartiennent proprement à la nature intérieure apparaissent comme externes à soi-même, elles ne sont discernées que comme les reflets miroités de ce qu'elles sont vraiment. Quand, par exemple, on perçoit un nombre, on doit le renverser comme on lirait ce qui est vu dans un miroir. 265 signifierait en réalité 562.

On voit une sphère comme si l'on était au centre. On doit donc d'abord traduire correctement ces perceptions intérieures. Les attributs de l'âme apparaissent également comme dans un miroir. Un souhait dirigé vers quelque chose d'extérieur apparaît sous la forme d'une forme qui se déplace vers la personne qui l'a souhaité. Les passions qui ont leur demeure dans la partie inférieure de la nature humaine prennent des formes animales ou des formes similaires qui se déchaînent sur l'individu. En réalité, ces passions luttent vers l'extérieur ; c'est dans le monde extérieur qu'elles cherchent satisfaction, mais cette lutte extérieure apparaît dans le reflet miroité comme une attaque contre la personne passionnée.

Si l'étudiant, avant d'atteindre la vision supérieure, a appris par un examen calme et sincère de lui-même à réaliser ses propres attributs, il trouvera alors, au moment où son moi intérieur lui apparaît comme un reflet miroité à l'extérieur, le courage et la puissance de se conduire de la bonne manière. Les personnes qui n'ont pas pratiqué une telle introspection suffisamment pour leur permettre de connaître leur propre nature intérieure ne se reconnaîtront pas dans ces images réfléchies et les prendront pour quelque chose d'étranger. Ou ils peuvent être alarmés par la vision et se dire, parce qu'ils ne peuvent supporter la vue, que tout cela n'est rien d'autre qu'une illusion qui ne peut les mener nulle part. Dans les deux cas, la personne, par son arrivée intempestive à un certain stade du développement de son organisation supérieure, se mettrait gravement en travers de son propre chemin.

Il est absolument nécessaire que l'étudiant passe par cette expérience de voir spirituellement son âme propre s'il veut aller de l'avant vers des choses plus élevées. Car en lui-même, il possède alors cette spiritualité par laquelle il peut le mieux juger. S'il a déjà acquis une juste réalisation de sa propre personnalité dans le monde physique, et lorsque l'image de cette personnalité lui apparaît pour la première fois dans le monde supérieur, il est alors capable de comparer l'une avec l'autre. Il peut se référer au monde supérieur comme à quelque chose de connu pour lui, et de cette manière, il peut avancer sur un terrain solide. Si, au contraire, il était confronté à de nombreux autres êtres spirituels, il ne pourrait presque rien apprendre concernant leur nature et leurs attributs. Il sentirait très vite le sol lui glisser sous les pieds. Il ne peut être trop souvent répété qu'une entrée sûre dans les mondes supérieurs ne peut suivre qu'une connaissance solide et une estimation de sa propre nature.

Ce sont des images, alors, que l'étudiant rencontre sur son chemin vers les mondes supérieurs, car les réalités qui sont exprimées par ces images sont vraiment en lui-même. Il doit bientôt devenir suffisamment mature pour se prévenir de désirer, à ce premier stade, des réalités véritables, mais pour permettre à ses images de les considérer comme appropriées. Mais intérieurement, il apprend bientôt quelque chose de complètement nouveau de son observation de ce monde imaginaire. Son moi inférieur n'existe que pour lui sous forme d'images miroitées, mais au milieu de ces reflets apparaît la véritable réalité qui est son moi supérieur. À partir des images de la personnalité inférieure, la forme de l'ego spirituel devient visible. Puis de ce dernier, des fils sont tissés vers d'autres réalités spirituelles plus élevées.

C'est le moment où le lotus à deux pétales dans la région des yeux est requis. Si cela commence maintenant à bouger, l'individu atteint le pouvoir d'établir son ego supérieur en connexion avec des entités spirituelles, surhumaines. Les courants qui émanent de ce lotus se dirigent donc vers ces entités supérieures de telle manière que les mouvements ici mentionnés sont entièrement apparents à l'individu. Tout comme la lumière rend les objets physiques visibles aux yeux, ces courants révèlent les choses spirituelles des mondes supérieurs. En se plongeant dans certaines idées que le professeur transmet à l'élève dans l'intimité personnelle, ce dernier apprend à mettre en mouvement, puis à diriger les courants provenant de cette fleur de lotus des yeux.

À ce stade de développement en particulier, ce qui est signifié par une capacité de jugement vraiment saine et une formation logique claire se manifeste. Il suffit de considérer qu'ici le moi supérieur, qui jusqu'alors dormait inconscient et comme une graine, est né dans une existence consciente. Il s'agit ici non pas d'une naissance figurative, mais d'une véritable naissance dans le monde spirituel, et l'être maintenant né, le moi supérieur, s'il doit être capable de vie, doit entrer dans ce monde avec tous les organes et conditions nécessaires. Tout comme la nature prend des précautions pour qu'un enfant vienne au monde avec des oreilles et des yeux bien formés, il faut prendre des précautions

L'INITIATION

dans le développement de soi-même, afin que son moi supérieur entre dans l'existence avec les attributs nécessaires. Ces lois qui ont à voir avec le développement des organes supérieurs de l'esprit ne sont autres que les lois saines, rationnelles et morales du monde physique. L'ego spirituel mûrit dans le moi physique, comme l'enfant dans le ventre de la mère. La santé de l'enfant dépend du fonctionnement normal des lois naturelles dans le ventre de la mère. La santé de l'ego spirituel est conditionnée de manière similaire par les lois de l'intelligence commune et de la raison qui agissent dans la vie physique. Personne qui ne vit et ne pense sainement dans le monde physique ne peut donner naissance à un moi spirituel sain. La vie naturelle et rationnelle est la base de toute vraie évolution spirituelle. Tout comme l'enfant, encore dans le ventre de la mère, vit selon les forces naturelles qui, après sa naissance, il utilise avec ses organes de sens, de même le moi supérieur dans un être humain vit selon les lois du monde spirituel même pendant son incarcération physique ; et même comme l'enfant, sortant d'une vie sensationnelle vague, acquiert les pouvoirs susmentionnés, un être humain peut aussi acquérir les pouvoirs du monde spirituel avant même que son propre moi supérieur ne naisse. En effet, il doit le faire si ce dernier doit entrer dans son monde en tant qu'être complètement développé. Il serait tout à fait faux pour quiconque de dire : « Je ne peux pas suivre les enseignements du mystique et du théosophe jusqu'à ce que je puisse les voir moi-même », car s'il devait adopter cette vision, il ne pourrait certainement jamais atteindre une véritable connaissance supérieure.

Il serait dans la même position qu'un enfant dans le ventre de la mère qui devrait rejeter les pouvoirs qui lui viendraient par la mère et devrait avoir l'intention d'attendre jusqu'à ce qu'il puisse les créer lui-même. Tout comme l'embryon de l'enfant apprend dans sa vie sombre à accepter comme juste et bon ce qui lui est offert, il devrait en être de même pour la personne qui est encore aveugle par rapport aux vérités déclarées dans les enseignements du mystique ou du théosophe. Il y a une perspicacité, basée sur l'intuition de la vérité et une raison critique claire, concernant ces enseignements, qui existe avant que l'on puisse encore voir des choses spirituelles par soi-même. D'abord, on doit apprendre la sagesse mystique, et par cette étude même, se préparer à voir. Une personne qui devrait apprendre à voir avant de s'être préparée de cette manière ressemblerait à un enfant qui serait né avec des yeux et des oreilles mais sans cerveau. Le monde entier du son et de la couleur s'ouvrirait devant lui, mais il ne pourrait pas en faire usage.

Ce qui, avant, attirait l'étudiant par son sens de la vérité, sa raison et son intelligence, devient, au stade de l'éducation occulte déjà décrit, sa propre expérience. Il a maintenant une réalisation directe de son moi supérieur, et il apprend comment ce moi supérieur est connecté avec des entités spirituelles d'une nature plus élevée et comment il forme une union avec elles. Il voit comment le moi inférieur descend d'un monde supérieur, et il lui est révélé comment sa nature supérieure survit au moindre. Maintenant, il peut faire la distinction entre ce qui est permanent en lui-même et ce qui est périssable, et cela n'est rien de moins que le pouvoir de comprendre de sa propre observation les enseignements concernant l'incarnation du moi supérieur dans le moi inférieur. Il lui deviendra maintenant évident qu'il se tient dans une relation spirituelle élevée par rapport à cela, que ses attributs et son destin sont originés par cette même relation. Il apprend à connaître la loi de sa vie, son Karma. Il perçoit que son moi inférieur, tel qu'il façonne actuellement son destin, n'est qu'une des formes que peut adopter sa nature supérieure. Il discerne la possibilité qui s'offre à son moi supérieur de travailler sur sa propre nature afin de devenir de plus en plus parfait. Maintenant, il peut aussi pénétrer dans les grandes différences entre les êtres humains en ce qui concerne leur perfection comparative. Il reconnaîtra qu'il y a devant lui des gens qui ont déjà parcouru les étapes qui se trouvent encore devant lui. Il discerne que les enseignements et les actions de ces personnes découlent de l'inspiration d'un monde supérieur. Tout cela, il le doit à son premier aperçu de ce monde supérieur. Ceux qui ont été appelés « les maîtres de la sagesse », « les grands Initiés de l'humanité », commenceront maintenant à apparaître comme des faits véritables.

Ce sont les trésors que l'étudiant à ce stade doit à son développement : la compréhension de son moi supérieur ; de la doctrine de l'incarnation de ce moi supérieur dans un moi inférieur ; des lois par lesquelles la vie dans le monde physique est régulée selon ses connections spirituelles - en bref, la loi du Karma ; et, enfin, la compréhension de la nature des grands Initiés.

De l'étudiant qui est arrivé à ce stade, on dit que le doute a totalement disparu. S'il a déjà acquis une foi basée sur la raison et la pensée saine, il apparaît maintenant à sa place une connaissance complète et une vision qui ne peut en aucun cas être assombrie.

Les religions ont présenté dans leurs cérémonies, leurs sacrements et leurs rites, des images extérieures visibles des êtres et des événements spirituels supérieurs. Seuls ceux qui ne sont pas pénétrés dans les profondeurs des grandes religions ne peuvent manquer de remarquer cela ; mais celui qui a vu par lui-même ces réalités spirituelles comprendra la grande signification de chaque acte extérieur et visible. Alors pour lui-même, le service religieux devient une représentation de sa propre communion avec le monde spirituel, surhumain. On trouve souvent dit dans la littérature théosophique, même si ce n'est pas tout à fait aussi clairement exprimé, que l'étudiant occulte à ce stade devient « libre de la superstition

». La superstition dans son essence n'est rien d'autre que la dépendance aux actes extérieurs et visibles, sans discernement des faits spirituels dont ils sont l'expression.

Il a été montré comment l'étudiant, en arrivant à ce stade, devient véritablement une nouvelle personne. Peu à peu, il peut maintenant se mûrir lui-même au moyen des courants qui viennent du corps éthérique, jusqu'à ce qu'il puisse contrôler l'élément vital encore plus élevé, celui que l'on appelle « le feu de Kundalini », et ainsi atteindre une liberté plus complète de l'emprise de son corps physique.

III. VIE DE RÊVE

Une indication que l'étudiant est parvenu au stade d'évolution décrit dans le chapitre précédent est le changement qui survient dans sa vie onirique. Jusqu'à présent, ses rêves étaient confus et désordonnés, mais maintenant ils commencent à prendre un caractère plus régulier. Leurs images commencent à s'organiser de manière ordonnée, comme les phénomènes de la vie quotidienne. Il peut discerner en eux des lois, des causes et des effets. Le contenu de ses rêves changera également. Alors qu'auparavant, il ne discernait que les réverbérations de la vie quotidienne, des impressions mélangées de son environnement ou de son état physique, il voit maintenant apparaître devant lui des images d'un monde avec lequel il n'avait aucune connaissance. Au début, en effet, la nature générale de ses rêves restera la même qu'auparavant dans la mesure où le rêve se différencie des phénomènes de l'éveil en présentant sous une forme emblématique tout ce qu'il souhaite exprimer. Cette dramatisation n'a pas pu échapper à l'attention de tout observateur attentif de la vie onirique. Par exemple, vous pouvez rêver que vous attrapez une créature horrible et ressentir une sensation désagréable dans votre main. Vous vous réveillez pour découvrir que vous serrez fermement un morceau de la literie. La perception ne s'exprime pas clairement, mais seulement à travers l'image allégorique. Ou vous pouvez rêver que vous fuyez un poursuivant et, en conséquence, vous ressentez de la peur. En vous réveillant, vous constatez qu'au cours du sommeil, vous aviez souffert de palpitations cardiaques. L'estomac rempli de nourriture indigeste causera des images de rêve inconfortables. Les événements près de la personne endormie peuvent également se refléter allégoriquement dans les rêves. La sonnerie d'une horloge peut évoquer l'image de soldats marchant au son de leurs tambours.

Ou une chaise qui tombe peut devenir à l'origine d'un véritable drame onirique dans lequel le bruit de la chute se traduit par une détonation, et ainsi de suite. Les rêves plus régulés de la personne dont le corps éthérique a commencé son développement ont également cette méthode allégorique d'expression, mais ils cesseront de répéter simplement les faits de l'environnement physique ou du corps des sens. Comme ces rêves, qui doivent leur origine à de telles choses, deviennent ordonnés, ils se mêlent à des images de rêves similaires qui sont l'expression de choses et d'événements dans un autre monde. Ici, on a des expériences qui dépassent la portée de sa conscience éveillée. Il ne faut jamais penser qu'un vrai mystique fera ensuite des choses qu'il expérimente de cette manière la base d'un récit autoritaire du monde supérieur. Il faut seulement considérer de telles expériences de rêve comme des indices d'un développement supérieur. Très bientôt, comme résultat supplémentaire de cela, nous constatons que les images de l'étudiant en rêve ne sont plus, comme auparavant, retirées par la guidance d'une intellect attentive, mais sont régulées par celle-ci et considérées méthodiquement comme les conceptions et impressions de la conscience éveillée. La différence entre cette conscience de rêve et l'état d'éveil devient de plus en plus petite. Le rêveur devient, dans le sens le plus complet du terme, éveillé dans sa vie onirique : c'est-à-dire qu'il peut se sentir maître et leader des images qui apparaissent alors.

Pendant ses rêves, l'individu se trouve en fait dans un monde autre que celui de ses sens physiques. Mais s'il ne possède que des organes spirituels non évolués, il ne peut recevoir de ce monde que les dramatisations confuses déjà mentionnées. Il ne serait à sa disposition que ce que le monde des sens le serait pour un être équipé de rien d'autre que des yeux les plus rudimentaires. En conséquence, il ne pourrait discerner dans ce monde que les reflets et réverbérations de la vie ordinaire. Pourtant, dans les rêves, il peut voir ceux-ci, car son âme entrelace ses perceptions quotidiennes sous forme d'images dans la matière dont est constitué cet autre monde. Il doit ici être clairement compris qu'en plus de la vie consciente quotidienne, on mène dans ce monde une deuxième existence, inconsciente. Tout ce que l'on perçoit ou pense est imprimé dans ce monde. Seuls les lotus évolués permettent de percevoir ces impressions. Maintenant, de minuscules débuts des lotus sont toujours à la disposition de quiconque. Pendant la conscience quotidienne, il ne peut pas percevoir avec eux, car les impressions qu'il reçoit sont très faibles. C'est pour des raisons similaires que pendant la journée on ne peut pas voir les étoiles. Elles ne peuvent pas frapper nos perceptions lorsqu'elles sont opposées à la lumière vive et active du soleil, et c'est de cette manière que les impressions spirituelles faibles ne peuvent pas se faire sentir en opposition aux impressions dominantes des sens physiques. Lorsque la porte des sens extérieurs est fermée pendant le sommeil, ces impressions peuvent émerger de manière confuse, et alors le rêveur se souvient de ce qu'il a vécu dans un autre monde.

Pourtant, comme déjà remarqué, au début, ces expériences ne sont rien de plus que ce que les conceptions liées aux sens physiques ont imprimé sur le monde spirituel. Seuls les lotus évolués permettent à des manifestations non liées au monde physique de se montrer. De la maturation du corps éthérique naît une connaissance complète des impressions qui sont transmises d'un monde à l'autre. Avec cela, la communication de l'étudiant avec un nouveau monde a commencé. Il doit maintenant — par les instructions données dans sa formation occulte — acquérir d'abord une double nature. Il doit devenir possible pour lui, pendant les heures d'éveil, de rappeler tout à fait consciemment les êtres qu'il a observés en rêve. S'il a acquis cette faculté, il pourra alors être capable de faire ces observations pendant son état d'éveil ordinaire. Son attention se sera tellement concentrée sur les impressions spirituelles que ces impressions n'auront plus besoin de disparaître à la lumière de celles qui proviennent des sens, mais seront, pour ainsi dire, toujours à portée de main.

Si l'étudiant est capable de faire cela, alors se présente devant ses yeux spirituels quelque chose de l'image qui a été décrite dans un chapitre précédent. Il peut maintenant discerner que ce qui existe dans le monde spirituel est l'origine de ce qui lui correspond dans le monde physique, et, par-dessus tout, il peut apprendre dans ce monde à connaître son propre moi supérieur. La tâche qui se présente maintenant à lui est de grandir, pour ainsi dire, dans ce moi supérieur, ou, en d'autres termes, de le considérer comme son seul vrai moi, et aussi de se comporter en conséquence. Il retient maintenant, de plus en plus, la conception et la réalisation vitale que son corps physique et ce qu'il désignait jusqu'à présent comme « lui-même » ne sont qu'un instrument du moi supérieur.

Il adopte à l'égard de son moi inférieur une attitude semblable à celle que pourrait avoir quelqu'un limité au monde des sens à l'égard d'un instrument ou d'un véhicule qui le sert. Tout comme une telle personne ne considérerait pas le véhicule dans lequel il voyage comme lui-même, bien qu'il dise « Je voyage » ou « Je vais », de même, la personne développée, lorsqu'elle dit « Je passe par la porte », conserve dans son esprit la conception, « Je fais passer mon corps par la porte ». Cette idée doit devenir pour lui une idée habituelle au point qu'il ne perde jamais un instant le sol ferme du monde physique, qu'il ne ressente jamais un sentiment d'étrangeté dans le monde des sens. Si l'étudiant ne souhaite pas devenir un simple enthousiaste fantaisiste ou vain, il doit travailler avec la conscience supérieure, de sorte qu'il n'appauvrisse pas sa vie dans le monde physique, mais l'enrichisse, tout comme la personne qui utilise un chemin de fer au lieu de ses propres jambes peut s'enrichir en partant en voyage.

Si l'étudiant s'est élevé à une telle vie dans le moi supérieur, alors — ou encore plus probablement pendant l'acquisition de la conscience supérieure — il lui sera révélé comment il peut éveiller ce qu'on appelle le feu de Kundalini qui réside dans l'organe du cœur, et, de plus, comment il peut diriger les courants décrits dans un chapitre précédent.

Ce feu de Kundalini est un élément de matière plus fine qui s'écoule de cet organe et se répand dans une beauté lumineuse à travers les lotus auto-mobiles et les autres canaux du corps éthérique évolué. De là, il rayonne vers le monde spirituel environnant et le rend spirituellement visible, tout comme le soleil qui tombe sur les objets environnants rend visible le monde physique.
Comment ce feu de Kundalini dans l'organe du cœur est éveillé ne peut être le sujet que d'un entraînement occulte réel. Rien ne peut en être dit ouvertement.

Le monde spirituel devient clairement perceptible comme composé d'objets et d'êtres uniquement pour l'individu qui peut ainsi envoyer le feu de Kundalini à travers son corps éthérique et dans le monde extérieur, de sorte que ses objets sont éclairés par lui. Il en résulte qu'une conscience complète d'un objet dans le monde spirituel dépend entièrement de la condition que la personne elle-même ait projeté sur lui la lumière spirituelle. En réalité, l'Ego, qui a tiré ce feu, ne réside plus du tout dans le corps humain physique, mais (comme cela a déjà été montré) à part de lui. L'organe du cœur est seulement l'endroit où l'individu, de l'extérieur, allume ce feu. S'il souhaitait le faire, non pas ici mais ailleurs, alors les perceptions spirituelles produites par le feu n'auraient aucun lien avec le monde physique. Pourtant, on devrait relier toutes les choses spirituelles supérieures au monde physique lui-même, et à travers soi-même, on devrait les laisser agir dans ce dernier. L'organe du cœur est précisément celui par lequel le moi supérieur se sert du moi inférieur comme de son instrument et d'où celui-ci est dirigé.

Le sentiment que la personne développée porte maintenant aux choses du monde spirituel est tout autre que celui qui est caractéristique des personnes ordinaires par rapport au monde physique. Ces dernières se sentent être dans une certaine partie du monde des sens, et les objets qu'elles perçoivent leur sont extérieurs. La personne spirituellement évoluée se sent unie aux objets spirituels qu'elle perçoit, comme si elle était en eux. Dans l'espace spirituel, elle se déplace véritablement d'un endroit à un autre, et elle est donc désignée dans le langage de la science occulte comme « le voyageur ». Elle est pratiquement sans foyer. Si elle continue dans cette simple errance, elle sera incapable de définir clairement un objet dans l'espace spirituel. Tout comme on définit un objet ou un lieu dans l'espace physique en partant d'un certain point, il en va de même pour l'autre monde. Elle doit chercher là-bas un endroit qu'elle explore complètement — un endroit dont elle prend possession spirituellement. Elle doit en faire son foyer spirituel et tout mettre en relation avec lui. La personne qui vit dans le monde physique voit tout de la même manière, comme si elle transportait les idées de son foyer physique partout où elle allait. Involontairement, un homme de Berlin décrira Londres tout autrement qu'un Parisien. Seule différence, cependant, entre le foyer spirituel et le foyer physique. Dans ce dernier, vous êtes né sans votre propre coopération, et de lui, dans la jeunesse, vous avez acquis un certain nombre d'idées qui donneront désormais involontairement une couleur à tout. Le foyer spirituel, en revanche, vous l'avez formé vous-même en toute conscience. Vous donnez donc forme à vos opinions en partant de lui dans la pleine lumière, sans préjugés, de la liberté. Cette formation d'un foyer spirituel est connue dans le langage de la science occulte comme « la construction de la hutte ».

La perspective spirituelle s'étend à ce stade d'abord aux contreparties spirituelles du monde physique, dans la mesure où celles-ci se trouvent dans ce que nous appelons le monde astral. Dans ce monde se trouve tout ce qui, par sa nature, est apparenté à l'impulsion humaine, au sentiment, au désir ou à la passion. Car dans chaque objet de sens qui entoure une personne, il y a des forces qui sont liées à ces forces humaines. Un cristal, par exemple, est formé par des pouvoirs qui, vus du point de vue supérieur, sont perceptibles comme apparentés à l'impulsion qui agit chez l'être humain. Par des forces similaires, la sève est tirée à travers les vaisseaux de la plante, les fleurs s'ouvrent, les étuis à graines sont faits pour éclater. Toutes ces forces acquièrent forme et couleur pour les perceptions spirituelles développées, tout comme les objets du monde physique ont couleur et forme pour les yeux physiques. Au stade de développement ici décrit, l'étudiant ne voit plus seulement le cristal ou la plante, mais aussi les forces spirituelles derrière eux, tout comme il ne voit pas maintenant seulement les impulsions d'un animal ou d'un être humain à travers leurs manifestations externes, mais aussi directement comme de véritables objets, comme dans le monde physique il peut voir des chaises et des tables. L'ensemble du monde de l'instinct, de l'impulsion, du désir ou de la passion, que ce soit chez une personne ou chez un animal, est là, dans le nuage astral, dans l'aura avec laquelle le sujet est enveloppé.

En outre, le clairvoyant à ce stade de son évolution perçoit des choses qui sont presque ou entièrement retirées des perceptions sensorielles. Par exemple, il peut observer la différence astrale entre un endroit qui est pour la plupart rempli de personnes de bas niveau de développement et un autre qui est habité par des gens de haute moralité. Dans un hôpital, ce n'est pas seulement l'atmosphère physique mais aussi l'atmosphère astrale qui est différente de celle d'une salle de bal. Une ville commerciale a une atmosphère astrale différente de celle d'une ville universitaire. Au début, les pouvoirs de perception de telles choses seront faibles chez la personne devenue clairvoyante. Au début, il semblera être lié aux objets concernés, de la même manière que la conscience de rêve de la personne ordinaire par rapport à sa conscience éveillée, mais progressivement il s'éveillera complètement aussi sur ce plan.

L'acquisition la plus élevée qui vient au clairvoyant, lorsqu'il a atteint ce degré de vision, est celle par laquelle la réaction astrale des impulsions ou des passions animales ou humaines lui est révélée. Une action amoureuse a une apparence astrale tout à fait différente de celle qui découle de la haine. L'appétit sensuel donne naissance à une image astrale horrible, et le sentiment basé sur des choses élevées à une image belle. Ces correspondances ou images astrales ne peuvent être vues que faiblement pendant la vie humaine physique, car leur force est beaucoup moins grande par l'existence dans le monde physique. Un souhait pour un objet quelconque se manifeste, par exemple, comme un reflet de l'objet lui-même, en plus de ce que le souhait paraît être dans le monde astral. Si, cependant, ce souhait est satisfait par l'obtention de l'objet physique, ou si au moins la possibilité d'une telle satisfaction est présente, l'image correspondante ne ferait qu'apparaître très faiblement. Elle ne prend sa pleine puissance qu'après la mort d'une personne, lorsque l'âme, selon sa nature, continue à entretenir de tels désirs, mais ne peut plus les satisfaire car l'objet et ses propres organes physiques font tous deux défaut. Ainsi, le gourmet aura toujours le désir de chatouiller son palais ; mais la possibilité de satisfaction est absente, puisqu'il ne possède plus de palais. En conséquence, le désir se manifeste comme une image exceptionnellement puissante qui tourmente l'âme. Ces expériences après la mort parmi les images de la nature inférieure de l'âme sont connues sous le nom de période en « Kamaloka », c'est-à-dire dans la région du désir. Elles ne disparaissent que lorsque l'âme s'est purifiée de tous les appétits qui sont dirigés vers le monde physique. Alors l'âme s'élève vers une région plus élevée appelée « Devachan ». Bien que ces images soient ainsi faibles chez la personne encore en vie, elles existent toujours et la suivent comme son propre environnement en Kamaloka, tout comme la comète est suivie par sa queue, et elles peuvent être vues par le clairvoyant qui est arrivé à ce stade de développement.

Parmi de telles expériences et toutes celles qui leur sont semblables, l'étudiant occulte vit dans le monde qui a été décrit. Il ne peut pas encore entrer en contact avec des aventures spirituelles encore plus élevées. À partir de ce point, il doit monter encore plus haut.

IV. LES TROIS ÉTATS DE CONSCIENCE

La vie de l'homme se déroule en trois états, qui sont les suivants : l'état de veille, le sommeil rêvé et le sommeil profond sans rêves. On peut comprendre comment atteindre une connaissance supérieure des mondes spirituels en se faisant une idée des changements dans les conditions que doit subir celui qui aspire à une telle connaissance. Avant qu'une personne n'ait traversé la formation nécessaire, sa conscience est continuellement interrompue par les périodes de repos qui accompagnent le sommeil. Pendant ces périodes, l'âme ne sait rien du monde extérieur et rien d'elle-même. Seuls à certains moments, au-dessus de l'océan immense de l'inconscience, surgiront des rêves liés aux événements du monde extérieur ou aux conditions du corps physique. Au début, on reconnaît dans les rêves uniquement une manifestation particulière de l'existence pendant le sommeil, et généralement les hommes ne parlent que de deux états : l'état de veille et l'état de sommeil. Du point de vue occulte, cependant, les rêves ont une signification spéciale, distincte des deux autres états. Il a déjà été montré dans un chapitre précédent comment les changements se produisent dans l'existence onirique de la personne qui entreprend l'ascension vers une connaissance supérieure. Ses rêves perdent leur caractère dénué de sens, désordonné et illogique, et commencent progressivement à former un monde régulé et corrélé. Avec le développement continu, ce nouveau monde, né des rêves de chacun, ne cédera rien aux réalités extérieures et phénoménales, non seulement en ce qui concerne sa vérité intérieure, mais aussi en ce qui concerne les faits qu'il révèle, car ceux-ci présentent, dans le sens le plus complet du terme, une réalité supérieure. Dans le monde phénoménal en particulier, il y a des secrets et des énigmes cachés partout.

Ce monde révèle admirablement les effets de certains faits supérieurs, mais celui qui limite ses perceptions aux seuls sens ne peut pas pénétrer dans les causes. Pour l'étudiant occulte, de telles causes sont en partie révélées dans l'état déjà décrit comme étant issu de son existence onirique. Bien sûr, il ne devrait pas considérer ces révélations comme une connaissance réelle tant que les mêmes choses ne se révèlent pas à lui pendant la vie ordinaire éveillée également. Mais il y parvient également. Il acquiert le pouvoir d'entrer dans l'état qu'il a d'abord développé à partir de sa vie onirique pendant les heures de conscience éveillée. Alors le monde phénoménal s'enrichit pour lui d'une nouveauté absolue. Tout comme une personne qui, bien que née aveugle, subit une opération sur sa vue et trouve tout dans son environnement enrichi par le nouveau témoignage de la perception visuelle, de même la personne qui est devenue clairvoyante de la manière décrite ci-dessus, considère le monde entier autour d'elle, percevant en lui de nouvelles caractéristiques, de nouveaux êtres et de nouvelles choses. Il n'est plus nécessaire qu'il attende un rêve pour vivre dans un autre monde, car il peut se transporter dans l'état de perception supérieure à tout moment opportun. Cette condition ou cet état a pour lui une importance comparable à celle de la perception avec les yeux ouverts par opposition à un état les yeux bandés. On peut dire tout à fait littéralement que l'étudiant occulte ouvre les yeux de son âme et voit des choses qui doivent rester à jamais voilées pour les sens corporels.

Cet état (qui a déjà été décrit en détail) ne forme que le

pont vers un stade encore plus élevé de la connaissance occulte. Si les exercices qui lui sont assignés devaient être poursuivis, l'étudiant découvrira au moment approprié que les changements vigoureux mentionnés jusqu'alors n'affectent pas seulement sa vie onirique, mais que la transformation s'étend même à ce qui était auparavant un sommeil profond et sans rêves. Il remarque que l'inconscience totale dans laquelle il s'est toujours trouvé pendant ce sommeil est maintenant interrompue par des expériences isolées conscientes. De la grande obscurité du sommeil surgissent des perceptions d'un genre qu'il n'avait jamais connu auparavant. Naturellement, il n'est pas facile de décrire ces perceptions, car notre langage est seulement adapté au monde phénoménal, et par conséquent il n'est possible de trouver que des mots approximatifs pour décrire ce qui n'appartient pas du tout à ce monde. Néanmoins, il faut utiliser ces mots pour décrire les mondes supérieurs, et cela ne peut être fait que par l'utilisation libre de la comparaison ; cependant, étant donné que tout dans le monde est interconnecté, une telle tentative peut être faite. Les choses et les êtres des mondes supérieurs sont de toute façon si étroitement liés à ceux du monde phénoménal que bien qu'on puisse tenter, de bonne foi, de décrire ces mondes supérieurs dans les mots habituellement descriptifs du monde phénoménal, on doit toujours garder à l'esprit que beaucoup dans de telles descriptions doit manifestement participer à la nature de la comparaison et de l'imagerie. L'éducation occulte elle-même n'est que partiellement réalisée par l'utilisation du langage ordinaire ; pour le reste, l'étudiant apprend dans son ascension un langage symbolique spécial, une méthode d'expression emblématique ; mais rien à ce sujet ne peut actuellement, et pour de très bonnes raisons, être imparti ouvertement. L'étudiant doit l'acquérir lui-même dans l'école occulte. Cependant, cela ne doit pas constituer un obstacle à l'acquisition d'une certaine connaissance de la nature des mondes supérieurs par le biais d'une description ordinaire, telle que celle qui sera donnée ici.

Si nous voulons donner une idée des expériences mentionnées ci-dessus comme surgissant de l'océan de l'inconscience pendant la période de sommeil profond, nous pouvons les comparer le mieux à celles de l'ouïe. Nous pouvons parler de sons et de mots perceptibles. Si nous pouvons comparer les expériences du sommeil rêvé à un certain type de vision comparable aux perceptions des yeux, les expériences du sommeil profond permettent une comparaison similaire avec les impressions orales. Il peut être remarqué en passant que de ces deux facultés, celle de la vue reste la plus élevée même dans les mondes spirituels. Les couleurs y sont encore plus élevées que les sons ou les mots, mais l'étudiant au début de son développement ne perçoit pas ces couleurs supérieures, mais seulement les sons inférieurs. Ce n'est que parce que l'individu, après son développement général, est déjà qualifié pour le monde qui se révèle à lui pendant le sommeil rêvé, qu'il perçoit immédiatement ses couleurs, mais il est encore inapte pour le monde supérieur qui s'illumine pendant le sommeil profond, et par conséquent ce monde se révèle d'abord à lui sous forme de sons et de mots ; plus tard, il peut monter ici comme ailleurs à la perception des couleurs et des formes.

Si l'étudiant réalise maintenant qu'il traverse de telles expériences pendant le sommeil profond, sa prochaine tâche est de les rendre aussi claires et vivantes que possible. Au début, cela est très difficile, car le souvenir pendant l'état de veille est d'abord extrêmement rare. Vous savez bien au réveil que vous avez vécu quelque chose ; mais quant à sa nature, vous restez complètement dans l'obscurité. La chose la plus importante au début de cet état est que vous restiez paisible et calme, et que vous ne vous laissiez pas, même pour un instant, tomber dans l'agitation ou l'impatience. Dans tous les cas, cette dernière condition est préjudiciable. Elle ne peut jamais accélérer aucun développement ultérieur, mais dans tous les cas, elle doit le retarder. Vous devez vous abandonner paisiblement, pour ainsi dire, à ce qui vous est donné : toute violence doit être réprimée. Si à un moment donné vous ne pouvez pas vous rappeler ces expériences pendant le sommeil profond, vous devez attendre patiemment jusqu'à ce qu'il devienne possible de le faire, car un tel moment arrivera certainement un jour. Si vous avez été patient et calme auparavant, la faculté de mémoire, lorsqu'elle survient, sera une possession plus sûre ; tandis que, si elle apparaît une fois, peut-être en réponse à des méthodes forcées, cela ne signifierait que pour une période beaucoup plus longue ensuite, elle resterait entièrement perdue.

Si le pouvoir de la mémoire est apparu une fois et que les expériences du sommeil émergent complètes, vives et claires devant la conscience éveillée, l'attention devrait alors être portée sur ce qui suit. Parmi ces expériences, on peut clairement distinguer deux types. Le premier type est totalement étranger à tout ce que l'on a jamais vécu. Au début, on peut prendre plaisir à ceux-ci, se laisser exalter par eux ; mais après un certain temps, on les met de côté. Ils sont les premiers annonciateurs d'un monde spirituel supérieur auquel on ne s'habitue qu'à une période ultérieure. L'autre type d'expériences, cependant, révélera à l'observateur attentif une relation particulière avec le monde ordinaire dans lequel il vit. Concernant les éléments de la vie sur lesquels il médite, ces choses dans son environnement qu'il aimerait comprendre, mais qu'il ne parvient pas à comprendre avec l'intellect ordinaire, ces expériences pendant le sommeil peuvent lui donner des informations. Au cours de sa vie quotidienne, l'homme réfléchit à ce qui l'entoure et il parvient à des conceptions qui lui permettent de comprendre l'interrelation des choses. Il essaie de comprendre en pensée ce qu'il perçoit par les sens. Ce sont avec de telles idées et conceptions que les expériences pendant le sommeil sont concernées. Ce qui était jusqu'à présent simplement une conception sombre et crépusculaire prend maintenant un caractère sonore et vital qui ne peut être comparé qu'aux sons et aux mots du monde phénoménal. Il semble de plus en plus à l'étudiant que la solution de l'énigme sur laquelle il médite est chuchotée en sons et mots qui proviennent d'un monde plus fin.

Alors il devrait relier ce qui lui est venu de cette manière avec les choses de la vie ordinaire. Ce qui était jusqu'à présent seulement accessible à sa pensée est maintenant devenu une expérience réelle pour lui, vivante et significative comme cela peut rarement, voire jamais, être le cas avec une expérience dans le monde des sens. Les choses et les êtres du monde phénoménal se montrent ainsi être plus que ce qu'ils semblent aux perceptions des sens. Ils sont l'expression et l'efflux d'un monde spirituel. Ce monde spirituel qui était jusqu'ici obscur se révèle maintenant à l'étudiant occulte dans tout son environnement.

Il est facile de voir que la possession de cette faculté de perception ne peut se révéler être une bénédiction que si les sens de l'âme de la personne dans laquelle ils ont été ouverts sont en parfait état, tout comme nous ne pouvons utiliser nos sens ordinaires que pour observer précisément le monde si ils sont dans un état bien régulé. Maintenant, ces sens supérieurs sont formés par l'individu lui-même conformément aux exercices qui lui sont donnés au cours de sa formation occulte. Autant de choses concernant ces exercices que l'on peut dire ouvertement ont déjà été données dans La Voie de l'Initiation. Le reste est transmis de vive voix dans les écoles occultes. Parmi ces exercices, nous trouvons la concentration, ou la direction de l'attention sur certaines idées et conceptions définies qui sont liées aux secrets de l'univers ; et la méditation, ou le fait de vivre au sein de telles idées, l'immersion complète de soi-même en elles de la manière déjà expliquée. Par la concentration et la méditation, une personne travaille sur son âme et développe en elle les organes de perception de l'âme.

Alors qu'il s'applique à la pratique de la méditation et de

la concentration, son âme évolue à l'intérieur de son corps comme l'embryon grandit dans le corps de la mère. Lorsque, pendant le sommeil, les expériences spécifiques décrites ci-dessus commencent à se produire, le moment de la naissance est arrivé pour l'âme pleinement développée, qui est ainsi littéralement un nouvel être apporté par l'individu du germe au fruit. Les instructions concernant le sujet de la méditation et de la concentration doivent donc être très soigneusement préparées et suivies avec la même attention, car ce sont les lois mêmes qui déterminent la germination et l'évolution de la nature de l'âme supérieure de l'individu ; et cela doit apparaître à sa naissance comme un organisme harmonieux et bien formé. Si, au contraire, quelque chose manquait dans ces instructions, aucun être de ce genre n'apparaîtrait, mais à sa place, un être mal né du point de vue spirituel, et incapable de vie.

Que la naissance de cette nature d'âme supérieure devrait se produire pendant le sommeil profond ne semblera pas difficile à comprendre si l'on considère que l'organisme tendre, incapable encore de supporter beaucoup d'opposition, pourrait difficilement se faire remarquer par une apparition fortuite parmi les événements puissants et durs de la vie quotidienne. Son activité ne peut être observée lorsqu'elle est confrontée à l'activité du corps. Dans le sommeil, cependant, lorsque le corps est au repos, l'activité de l'âme supérieure, d'abord si faible et si peu apparente, peut se manifester dans la mesure où elle dépend de la perception sensorielle. Un avertissement doit ici encore être donné : l'étudiant occulte ne devrait pas considérer ces expériences de sommeil comme des sources de connaissance entièrement fiables tant qu'il n'est pas en mesure de se transporter sur le plan de l'âme supérieure éveillée pendant la conscience éveillée également. S'il a acquis ce pouvoir, il est capable de percevoir le monde spirituel entre et à l'intérieur des expériences de la journée, ou, en d'autres termes, de comprendre en sons et mots les secrets cachés de son environnement.

À ce stade du développement, nous devons comprendre clairement que nous traitons, au début, d'expériences spirituelles séparées, plus ou moins non connectées. Nous devons être sur nos gardes contre l'érection de tout système de connaissance, complet ou seulement interdépendant. En agissant ainsi, nous ne ferions que confondre le monde de l'âme avec toutes sortes d'idées et de conceptions fantaisistes ; et ainsi nous pourrions très facilement tisser un monde qui n'a vraiment aucun lien avec le véritable monde spirituel. L'étudiant occulte doit pratiquer continuellement la plus stricte maîtrise de soi. La bonne méthode est de devenir de plus en plus clair dans sa réalisation des expériences séparées et véritables qui se produisent, puis d'attendre l'arrivée de nouvelles expériences, pleines et non forcées dans leur nature, qui se connecteront, comme par elles-mêmes, avec celles qui se sont déjà produites.

En vertu du pouvoir du monde spirituel dans lequel il a maintenant trouvé son chemin, et en vertu également de la pratique des exercices prescrits, l'étudiant expérimente maintenant un élargissement de la conscience qui s'étend de plus en plus pendant le sommeil profond. De l'inconscience pure, de plus en plus d'expériences émergent, et de moins en moins deviennent ces périodes dans l'existence de sommeil qui restent inconscientes. Ainsi, donc, les expériences séparées du sommeil se referment continuellement les unes sur les autres sans que cet entrelacement réel ne soit perturbé par une multitude de combinaisons et d'inférences qui surgiraient encore de l'ingérence de l'intellect habitué au monde phénoménal. Moins les habitudes de pensée ordinaires sont mêlées de manière non autorisée à ces expériences supérieures, mieux c'est.

Si vous vous conduisez correctement, vous approchez maintenant de plus en plus de ce stade du chemin où toute la vie de sommeil se déroule en conscience complète. Alors vous existez, lorsque le corps est au repos, dans une réalité aussi réelle que lorsque vous êtes éveillé. Il est superflu de remarquer qu'au cours du sommeil, nous traitons, au début, d'une réalité entièrement différente de l'environnement phénoménal dans lequel le corps se trouve. En effet, nous apprenons — non, nous devons apprendre si nous voulons garder notre pied sur un sol ferme et éviter de devenir un fantastique — à relier les expériences supérieures du sommeil à l'environnement phénoménal. Au début, cependant, le monde dans lequel on entre en dormant est une révélation totalement nouvelle. Dans la science occulte, l'étape importante où la conscience est conservée intérieurement pendant toute la vie de sommeil est connue sous le nom de "continuité de la conscience". En ce qui concerne une personne qui en est arrivée à ce point, les expériences et les événements ne cessent pas pendant les intervalles où le corps physique repose, et aucune impression n'est transmise à l'âme par le biais des sens.

V. LA DISSOCIATION DE LA PERSONALITÉ HUMAINE PENDANT L'INITIATION

Pendant le sommeil profond, l'âme humaine ne perçoit pas d'impressions par le biais des sens physiques. Dans cet état, les perceptions du monde extérieur ne l'atteignent pas. En vérité, elle est en dehors de la partie plus grossière de la nature humaine, le corps physique, et n'est connectée qu'aux corps plus fins — connus sous les noms d'astral et éthérique — qui échappent à l'observation des sens physiques. L'activité de ces corps plus fins ne cesse pas pendant le sommeil. Tout comme le corps physique se trouve dans une certaine relation avec les choses et les êtres de son propre monde, tout comme il est affecté par ceux-ci et les affecte, il en va de même pour l'âme dans un monde supérieur, mais dans ce dernier cas, l'expérience continue pendant le sommeil. L'âme est alors véritablement en pleine activité, mais nous ne pouvons pas connaître ces activités personnelles tant que nous n'avons pas de sens supérieurs, par lesquels nous pouvons observer, pendant le sommeil, ce qui se passe autour de nous et ce que nous faisons nous-mêmes, aussi bien que nous utilisons nos sens ordinaires dans la vie quotidienne pour l'observation de notre environnement physique. L'entraînement occulte consiste (comme cela a été montré dans les chapitres précédents) en la construction de sens supérieurs de ce type.

Par le biais d'exemples comme celui qui suit, on peut facilement concevoir comment l'âme avec ses véhicules plus fins peut continuer son activité pendant les intervalles où le corps physique est au repos. Ce n'est pas un simple conte de nurserie qui sera raconté ici, mais un cas réel de la vie, qui a été observé avec tous les moyens possédés par l'investigateur clairvoyant et avec tout le soin qu'il lui incombe d'exercer ; ni n'est-il relaté comme une "preuve", mais simplement comme une illustration.
Un jeune homme était confronté à un examen qui déciderait probablement de toute sa vie future. Depuis longtemps, il avait travaillé assidûment pour cela, et par conséquent, la veille de l'examen, il était extrêmement fatigué. Il devait se présenter devant les examinateurs à huit heures précises le lendemain matin. Il voulait avoir une nuit de sommeil reposante avant l'épreuve, mais il craignait que, en raison de son épuisement, il ne puisse pas se réveiller à la bonne heure. Il prit donc la précaution de s'arranger pour qu'une personne habitant dans la pièce voisine le réveille à six heures en frappant à sa porte. Ainsi, il pouvait se livrer au sommeil l'esprit tranquille. Le lendemain, il se réveilla, non pas à l'appel de son voisin, mais d'un rêve. Il entendit six coups de feu nets, et au sixième, il fut réveillé. Sa montre — sans réveil — indiquait six heures. Il s'habilla, et une demi-heure plus tard, son voisin le réveilla. En réalité, il était alors seulement six heures, car sa montre, par un accident, avait avancé d'une demi-heure dans la nuit. Le rêve qui l'avait réveillé s'était synchronisé avec la montre erronée. Qu'est-ce qui s'était passé ici ?

L'âme du jeune homme était restée active même pendant son sommeil. Parce qu'il avait précédemment établi une connexion entre cette activité de l'âme et la montre à ses côtés, il y avait eu une connexion entre les deux pour toute la nuit, de sorte que le lendemain, l'âme était arrivée, pour ainsi dire, à l'heure de six heures simultanément avec la montre. Cette activité s'était imprégnée dans la conscience du jeune homme à travers le rêve imagé déjà décrit, qui l'avait réveillé. On ne peut pas l'expliquer par la lumière croissante du jour ou autre chose du même genre, car l'âme n'a pas agi selon le vrai moment de la journée, mais selon la montre erronée. L'âme était active comme un véritable guetteur pendant que la personne physique dormait. Ce n'est pas l'activité de l'âme qui fait défaut dans le sommeil, mais plutôt une conscience de cette activité.

Si, par l'entraînement occulte, la vie de sommeil d'une personne est cultivée, de la manière déjà décrite dans le chapitre précédent, elle peut alors suivre consciemment tout ce qui se passe devant elle pendant cet état particulier ; elle peut volontairement se mettre en rapport avec son environnement, tout comme avec ses expériences, connues par les sens physiques, pendant la continuance de la conscience éveillée. Si le jeune homme de l'exemple ci-dessus avait été clairvoyant, il aurait pu surveiller l'heure lui-même pendant son sommeil, et par conséquent se réveiller. Il est nécessaire de préciser ici que la perception de l'environnement phénoménal ordinaire présuppose l'un des stades supérieurs de la clairvoyance. Au début de son développement à ce stade, l'étudiant ne perçoit que des choses qui appartiennent à un autre monde, sans être capable de discerner leur relation avec les objets de son environnement quotidien de travail.

Ce qui est illustré dans de tels exemples typiques de rêves — ou de vie de sommeil — est souvent vécu par les gens. L'âme vit de manière ininterrompue dans les mondes supérieurs et y est active. De ces mondes supérieurs, elle tire continuellement les suggestions sur lesquelles elle travaille à nouveau lorsqu'elle est dans le corps physique, tandis que l'homme ordinaire reste inconscient de cette vie supérieure. Il appartient à l'étudiant occulte de la rendre consciente, et en le faisant, sa vie est transformée. Tant que l'âme n'a pas la vue supérieure, elle est guidée par des agences étrangères, et tout comme la vie d'un aveugle à qui la vue est donnée par une opération devient tout à fait différente de ce qu'elle était avant, de sorte qu'il peut désormais se passer d'un guide, ainsi en va-t-il également de la vie d'une personne sous l'influence de l'entraînement occulte. Lui aussi est maintenant abandonné par son guide et doit désormais se guider lui-même. Dès que cela se produit, il est bien sûr susceptible d'erreurs dont sa conscience éveillée n'avait pas connaissance. Il traite maintenant avec un monde dans lequel, jusqu'à présent et sans le savoir, il avait été influencé par des pouvoirs supérieurs. Ces pouvoirs supérieurs sont régis par la grande harmonie universelle. C'est de cette harmonie que l'étudiant émerge. Il doit maintenant accomplir pour lui-même des choses qui étaient auparavant faites pour lui sans sa coopération.

Parce que tel est le cas, il sera beaucoup question dans les traités qui traitent de telles choses des dangers qui sont liés à une montée dans les mondes supérieurs. Les descriptions de ces dangers qui ont parfois été données sont très aptes à faire regarder cette vie supérieure seulement avec horreur par les âmes timides. Il convient ici de dire que ces expériences ne surviennent que si les règles de prudence nécessaires sont négligées. D'autre part, si tout ce qu'une véritable éducation occulte transmet comme conseil était donné ici comme avertissement, il serait évident que la montée se fait à travers des expériences qui, en magnitude, comme en forme, surpassent tout ce qui a été peint par l'imagination la plus audacieuse d'une personne ordinaire ; pourtant, il n'est pas raisonnable de parler de dommages possibles à la santé ou à la vie. L'étudiant apprend à reconnaître des formes menaçantes horribles qui hantent chaque coin et recoin de la vie. Il est même possible pour lui d'utiliser de tels pouvoirs et êtres qui échappent aux perceptions sensorielles, et la tentation d'utiliser ces pouvoirs au service d'un intérêt interdit est très grande. Il y a aussi la possibilité d'utiliser ces forces de manière erronée, en raison d'une connaissance insuffisante des mondes supérieurs. Certains de ces événements particulièrement importants (comme, par exemple, la rencontre avec "le Gardien du Seuil") seront décrits plus loin dans ce traité. Cependant, il faut comprendre que ces pouvoirs hostiles sont autour de nous même lorsque nous n'en savons rien. Il est vrai que dans ce cas, leur relation avec l'homme est déterminée par des pouvoirs supérieurs, et que cette relation ne change que lorsqu'il entre consciemment dans le monde qui lui était jusqu'alors inconnu.

En même temps, cela améliorera son existence et élargira considérablement le cercle de sa vie. Il n'y a de danger que si l'étudiant, que ce soit par impatience ou arrogance, assume trop tôt une indépendance dans son attitude envers les expériences du monde supérieur — s'il ne peut pas attendre jusqu'à ce qu'il acquière une véritable maturité de vision des lois supra-physiques. Dans ce domaine, les mots "humilité" et "modestie" sont encore moins vides que dans la vie ordinaire. Si ceux-ci, dans le meilleur sens du terme, sont les attributs de l'étudiant, il peut être sûr que sa montée dans la vie supérieure peut être réalisée sans aucun danger pour ce que l'on entend généralement par santé et vie. Avant tout, il est nécessaire qu'il n'y ait pas de désaccord entre ces expériences supérieures et les événements et demandes de la vie quotidienne. La tâche de l'étudiant tout au long est de chercher sur la terre, et celui qui essaie de se soustraire aux tâches sacrées de cette terre et de s'échapper dans un autre monde peut être sûr qu'il n'atteindra jamais son but. Pourtant, ce que les sens voient n'est qu'une partie du monde, et dans les régions spirituelles se trouvent les causes de ce qui est des faits dans le monde phénoménal. L'homme transforme la terre, en y implantant ce qu'il a découvert dans le monde spirituel, et c'est sa tâche. Cependant, parce que la terre dépend du monde spirituel —

parce que nous ne pouvons être vraiment efficaces sur terre que si nous participons à ces mondes où sont cachées les forces créatrices — nous devrions être disposés à monter dans ces régions. Si une personne entreprend une formation occulte avec ce sentiment, et si elle ne dévie jamais un instant des directions déjà données, elle n'a même pas le danger le plus insignifiant à craindre. Personne ne devrait se retenir de l'éducation occulte à cause des dangers qui le guettent ; au contraire, la perspective même devrait constituer un puissant incitant à l'acquisition de ces qualités qui doivent être possédées par le véritable étudiant occulte.

Après ces préliminaires, qui devraient certainement dissiper toutes les appréhensions, décrivons maintenant l'un de ces "dangers". Il est vrai que les véhicules plus fins de l'étudiant occulte subissent des changements très considérables. Ces changements sont liés à certains événements évolutifs qui se produisent dans les trois forces fondamentales de l'âme — la volonté, les sentiments et les pensées. En ce qui concerne l'entraînement occulte d'une personne, ces trois forces se trouvent dans une relation définie, régulée par les lois du monde supérieur. Il ne veut pas, ne pense pas, ne ressent pas de manière arbitraire. Si, par exemple, une idée particulière surgit dans son esprit, alors, conformément aux lois naturelles, un certain sentiment lui est attaché, ou bien elle est suivie d'une résolution de la volonté qui lui est également liée selon la loi. Vous entrez dans une pièce, la trouvez étouffante, et ouvrez la fenêtre. Vous entendez votre nom appelé, et suivez l'appel.

On vous interroge et vous répondez. Vous percevez un objet qui sent mauvais et vous ressentez un sentiment de dégoût. Ce sont des connexions simples entre la pensée, le sentiment et la volonté. Cependant, si l'étudiant observe la vie humaine, il observera que tout en elle est construit sur de telles connexions. En effet, nous ne qualifions la vie d'une personne de "normale" que si nous y détectons précisément cette interrelation de la pensée, du sentiment et de la volonté qui est fondée sur les lois de la nature humaine. Nous considérons qu'il est contraire à ces lois qu'une personne, par exemple, prenne plaisir à un objet qui sent mauvais, ou si, après avoir été interrogée, elle ne répond pas. Le succès que nous attendons d'une éducation correcte ou d'une instruction appropriée consiste en notre présupposition que nous pouvons ainsi lui impartir une interrelation de la pensée, du sentiment et de la volonté qui corresponde à la nature humaine. Lorsque nous présentons à un élève des idées particulières, nous le faisons en supposant qu'elles s'assimileront, dans une association ordonnée, à ses sentiments et à ses volontés. Tout cela découle du fait que dans les véhicules de l'âme plus fins de l'homme, les points centraux des trois pouvoirs, le sentiment, la pensée et la volonté, sont connectés les uns aux autres d'une manière définie. Cette connexion dans les véhicules de l'âme plus fins a également son analogie dans le corps physique grossier. Là aussi, les organes de la volonté se trouvent dans une certaine relation ordonnée avec ceux de la pensée et du sentiment. Une pensée déterminée évoque régulièrement un sentiment ou une volonté. Au cours du développement supérieur d'une personne, les fils qui relient ces trois principes les uns aux autres sont coupés. Au début, cette rupture ne se produit que en ce qui concerne l'organisme plus fin de l'âme ; mais à un stade encore plus élevé, la séparation s'étend également au corps physique. Dans l'évolution spirituelle supérieure d'une personne, son cerveau se divise effectivement en trois parties indépendantes actives. La séparation, en effet, est d'une nature telle qu'elle n'est pas perceptible à l'observation sensorielle ordinaire, ni ne pourrait être détectée par les instruments physiques les plus pointus. Pourtant, elle se produit, et le clairvoyant a des moyens de l'observer. Le cerveau du clairvoyant supérieur se divise en trois entités actives indépendantes : le cerveau de la pensée, le cerveau du sentiment et le cerveau de la volonté.

Les organes de la pensée, du sentiment et de la volonté restent donc tout à fait libres en eux-mêmes, et leur connexion n'est plus maintenue par une loi inhérente à eux-mêmes, mais doit maintenant être entretenue par la croissance de la conscience supérieure de l'individu. Voilà le changement que l'étudiant occulte observe en lui-même — qu'il n'y a plus de connexion entre une pensée et un sentiment, ou un sentiment et une volonté, sauf lorsqu'il crée lui-même la connexion. Aucune impulsion ne le pousse de la pensée à l'action s'il ne l'entretient pas volontairement. Il peut maintenant rester complètement sans ressentiment devant un objet qui, avant sa formation, l'aurait rempli d'un amour ardent ou d'une haine violente ; il peut de même rester inactif devant une pensée qui autrefois l'aurait poussé à l'action comme par elle-même. Il peut exécuter des actes par un effort de volonté où aucune cause la plus éloignée ne serait visible pour une personne qui n'aurait pas suivi l'école occulte. L'acquisition la plus importante que l'étudiant occulte hérite est l'atteinte du complet seigneurie sur les fils connecteurs des trois pouvoirs de l'âme ; mais simultanément ces connexions sont placées entièrement sous sa propre responsabilité.

Ce n'est que par de telles altérations dans sa nature qu'une personne peut entrer en contact conscient avec certains pouvoirs et entités supraphysiques. Car entre sa propre âme et certaines forces fondamentales du monde, il y a des correspondances ou des liens. La puissance, par exemple, qui réside dans la volonté peut agir sur, et percevoir, des choses et des entités particulières du monde supérieur, mais elle ne peut le faire que lorsque elle est dissociée des fils qui la relient aux sentiments et aux pensées de l'âme. Dès que cette séparation est effectuée, les activités de la volonté peuvent se manifester, et il en va de même pour les forces de la pensée et du sentiment. Si une personne envoie un sentiment de haine, il est visible pour le clairvoyant sous la forme d'un mince nuage de lumière d'une teinte spéciale, et le clairvoyant peut repousser un tel sentiment, tout comme une personne ordinaire repousse un coup physique qui lui est porté. La haine est un phénomène perceptible dans le monde supraphysique, mais le clairvoyant ne peut la percevoir que dans la mesure où il peut envoyer la force qui réside dans ses sentiments, tout comme une personne ordinaire peut diriger vers l'extérieur la faculté réceptive de ses yeux. Ce qui s'applique ici à la haine s'applique également à des faits beaucoup plus importants dans le monde phénoménal. L'individu peut entrer en communion consciente avec eux par cette même libération des forces élémentaires dans l'âme.

En raison de cette division des forces de la pensée, du sentiment et de la volonté, il est désormais possible qu'une erreur triple puisse survenir dans le développement d'une personne qui a été négligente de ses instructions occultes. Une telle erreur pourrait se produire si les fils connecteurs étaient rompus avant que l'étudiant n'ait acquis suffisamment de connaissance de la conscience supérieure pour tenir les rênes par lesquelles guider bien, comme une coopération harmonieuse et libre des forces séparées le fournirait. En règle générale, les trois principes humains à un moment donné de la vie ne sont pas symétriquement développés. Chez l'un, la puissance de la pensée est avancée au-delà de celles du sentiment et de la volonté ; chez un second, une autre puissance a le dessus sur ses compagnons. Tant que la connexion entre ces forces — une connexion produite par les lois du monde supérieur — reste intacte, aucune irrégularité nuisible, au sens supérieur, ne peut résulter de la prédominance d'une force ou d'une autre. Chez une personne dotée d'une volonté forte, par exemple, la pensée et le sentiment travaillent selon ces lois pour équilibrer tout et pour empêcher tout préjudice résultant d'une volonté trop forte. Cependant, lorsque les fils connecteurs entre les forces sont coupés, alors une seule de ces forces peut dominer sans que les autres puissent faire contrepoids. Si un homme avancé au point de vue intellectuel, mais dépourvu de toute moralité, entreprend une formation occulte sans avoir d'abord développé sa moralité, il ne pourra désormais rien faire pour que sa volonté moralement mauvaise soit soumise à des pensées et à des sentiments moralement bons. Sa volonté se libérera avec une force redoublée et deviendra une machine à accomplir des actes hostiles, une machine qui ne peut être arrêtée que lorsque sa propre énergie est épuisée, ou lorsque quelque autre volonté plus puissante entre en jeu. Il en va de même pour les autres combinaisons de forces dans la nature humaine.

VI. LE PREMIER GARDIEN DU SEUIL

Parmi les expériences importantes qui accompagnent une ascension vers les mondes supérieurs, il y a celle de la "Rencontre avec le Gardien du Seuil". En réalité, il n'y a pas seulement un tel Gardien, mais deux ; l'un connu sous le nom de "le Moindre", l'autre sous celui de "le Plus Grand". L'étudiant rencontre le premier lorsque, de la manière décrite dans le dernier chapitre, il commence à relâcher la connexion entre les volitions, les pensées et les sentiments en ce qui concerne les corps éthérique et astral. La rencontre avec le Gardien le Plus Grand se produit lorsque ce relâchement des liens s'étend davantage au corps physique (c'est-à-dire, au cerveau).

Le Gardien Moindre du Seuil est un être indépendant. Il n'existait pas avant que l'individu n'arrive à ce point particulier de son évolution. Il est la création de l'individu. Seule l'une de ses fonctions essentielles peut être décrite ici, il serait en effet difficile de fournir une description complète.

Tout d'abord, présentons sous forme narrative la rencontre de l'étudiant occulte avec le Gardien du Seuil. Ce n'est qu'à travers cette rencontre que le premier devient conscient de la séparation des fils qui connectaient ses pensées, ses volitions et ses sentiments.

Une créature spectrale terrible est celle qui se présente à l'étudiant. Ce dernier a besoin de toute la présence d'esprit et de toute la foi en la sécurité de son chemin vers la sagesse qu'il a pu acquérir au cours de sa formation précédente.

Le Gardien proclame sa signification en quelque chose comme ces mots : — "Jusqu'à présent, des pouvoirs invisibles veillaient sur toi. Ils ont œuvré pour que, au cours de ta vie, tes bonnes actions apportent leur récompense, et tes actions maléfiques leurs résultats désastreux. Sous leur influence, ton caractère s'est formé à partir de tes expériences et de tes pensées. Ils étaient les instruments de ton destin. C'est eux qui ont ordonné la mesure de joie et de peine qui t'a été infligée dans l'une de tes incarnations, selon ta conduite dans les vies antérieures. Ils t'ont gouverné par la loi tout-puissante du Karma. Maintenant, ils vont te libérer d'une partie de leur contrainte, et une partie de ce qu'ils ont accompli pour toi, tu dois maintenant l'accomplir toi-même. Par le passé, tu as enduré de nombreux coups durs du destin. Ne le savais-tu pas ? Chacun était l'effet d'un acte pernicieux dans une vie passée. Tu as trouvé joie et allégresse, et tu en as joui. Elles étaient également les fruits de tes actes antérieurs. Dans ton caractère, tu as de belles qualités, de vilains défauts ; et tu les as tissés toi-même à partir de tes expériences et de tes pensées passées. Jusqu'à présent, tu n'en avais pas conscience ; seuls les effets t'étaient révélés. Mais eux, les Pouvoirs Karmiques, ont vu tous les actes de tes vies antérieures, toutes tes pensées et sentiments obscurs ; et c'est ainsi qu'ils ont déterminé ce que tu es maintenant et la manière dont tu vis maintenant.

"Mais l'heure est venue où tous les aspects bons et mauvais de tes vies passées te seront révélés. Jusqu'à présent, ils étaient tissés dans tout ton être ; ils étaient en toi, et tu ne pouvais pas les voir, tout comme avec tes yeux physiques tu ne peux pas voir ton propre cerveau physique. Maintenant, cependant, ils se détachent de toi ; ils émergent de ta personnalité. Ils prennent une forme indépendante que tu peux observer, tout comme tu observes les pierres et les fleurs du monde extérieur. Et moi — je suis cet être même qui s'est façonné un corps à partir de tes actes nobles et ignobles. Ma robe spectrale est tissée selon les inscriptions de ton livre de vie. Jusqu'à présent, tu m'as porté invisiblement en toi, mais il était bon pour toi que cela soit ainsi, car la sagesse du destin, qui était cachée même à toi-même, a donc travaillé jusqu'à présent pour effacer les taches hideuses qui étaient sur ma forme. Maintenant que je suis apparu, cette sagesse cachée se retire également de toi. Elle ne se souciera plus désormais de toi. Elle laissera désormais le travail entre tes mains seules. Il m'appartient de devenir un être complet et splendide, si je ne dois pas, en effet, tomber en ruine. Si cela, ce dernier, devait se produire, alors je t'entraînerais également dans un monde sombre et en ruine. Si tu veux éviter cela, alors que ta propre sagesse devienne si grande qu'elle puisse assumer pour elle-même la tâche de cette autre sagesse qui t'était cachée, et qui est maintenant partie. Lorsque tu auras franchi mon seuil, je ne te quitterai jamais, pas une seule seconde. Désormais, lorsque tu feras ou penseras quelque chose de mal, tu discerneras immédiatement ta culpabilité comme une déformation hideuse et démoniaque de ce qui est ma forme. Ce n'est que lorsque tu auras expié tous tes actes maléfiques passés et que tu t'auras élevé au point où commettre de nouveaux maux devient impossible pour toi, que mon être sera transformé en une splendeur glorieuse. Alors, aussi, nous nous unirons à nouveau en un seul être pour aider à ton activité future.

"Mon seuil est construit à partir de chaque sentiment de peur auquel tu es encore accessible, à partir de chaque réticence à l'égard du pouvoir qui prendra sur lui la responsabilité complète de tous tes actes et pensées. Tant que tu as encore peur de ce gouvernement de ton destin, tout ce qui appartient à ce seuil n'est pas encore construit en lui ; et tant qu'une seule pierre manquera, tu devras rester là comme une entrée interdite, ou bien tu devras trébucher. Ne cherche donc pas à franchir mon seuil tant que tu ne te sentiras pas libéré de toute peur, prêt pour la plus haute responsabilité.

"Jusqu'à présent, je ne suis sorti de ta personnalité que lorsque la Mort te rappelait d'une vie terrestre, mais même alors, ma forme t'était voilée. Seuls les pouvoirs du destin qui veillaient sur toi pouvaient me voir, et ils étaient capables, conformément à mon apparence, de te construire, pendant l'intervalle entre la mort et une nouvelle naissance, tout ce pouvoir et cette capacité avec lesquels, dans une nouvelle existence terrestre, tu pourrais œuvrer à la glorification de ma forme pour l'assurance de ton progrès. C'était en raison de mon imperfection, en effet, que les pouvoirs du destin étaient contraints encore et encore de te conduire à une nouvelle incarnation sur terre. Si tu mourais, j'étais encore là ; et selon moi, les Seigneurs du Karma ont façonné la manière de ta renaissance.

"Seulement lorsque, à travers une procession sans fin de vies, tu m'auras amené à la perfection, tu ne descendras plus jamais parmi les pouvoirs de la mort, mais, t'étant uni absolument à moi, tu passeras avec moi dans l'immortalité.

"Ainsi me tiens-je devant toi aujourd'hui visible, comme je me suis toujours tenu invisible à côté de toi à l'heure de la mort. Lorsque tu auras franchi mon seuil, tu entreras dans ces royaumes qui sinon se seraient ouverts à toi seulement à la mort physique. Tu les entreras avec une connaissance complète, et désormais, lorsque tu erreras visiblement sur la terre, tu traverseras également le royaume de la mort, qui est le royaume de la vie éternelle. Je suis en effet l'ange de la Mort ; cependant, en même temps, je suis le porteur d'une vie supérieure impérissable. À travers moi, tu mourras tout en vivant encore dans ton corps, pour renaître dans une existence immortelle.

"Le royaume que tu entres maintenant te présentera des êtres d'une nature surhumaine, et dans ce royaume, le bonheur sera ton lot. Mais la première connaissance à faire dans ce monde doit être moi-même, moi qui suis ta propre création. Autrefois, je vivais de ta vie, mais maintenant à travers toi, j'ai grandi pour acquérir une existence séparée et me voilà devant toi comme le gage visible de tes actes futurs, peut-être aussi comme ton reproche constant. Tu as pu me façonner, mais en le faisant, tu as pris le devoir de me transformer."

Ce qui a été présenté ici sous forme narrative ne doit pas être imaginé comme simplement quelque chose d'allégorique, mais réalisé comme une expérience de l'étudiant qui est d'un degré de réalité le plus élevé. Le Gardien le mettra en garde de ne pas aller plus loin s'il ne ressent pas en lui-même le pouvoir nécessaire pour répondre aux exigences qui ont été énoncées dans le discours précédent. Bien que la forme du Gardien soit si effrayante, elle n'est pourtant rien d'autre que l'effet des propres vies passées de l'étudiant, de son propre caractère, surgissant de lui dans une vie indépendante. Ce réveil est provoqué par la séparation mutuelle des volitions, des pensées et des sentiments. C'est une expérience d'une signification profonde lorsque l'on ressent pour la première fois que l'on a produit un être spirituel. La prochaine étape à viser est la préparation de l'étudiant occulte afin qu'il puisse supporter la terrible vue sans un soupçon de timidité, et au moment de la rencontre, sentir réellement que son pouvoir est tellement accru qu'il peut se charger avec pleine conscience de la glorification du Gardien.

Une conséquence de cette rencontre avec le Gardien du Seuil, si elle réussit, est que la prochaine mort physique de l'étudiant est un événement entièrement différent de ce qu'était la mort auparavant. Il traverse consciemment la mort où il abandonne le corps physique, comme on abandonne un vêtement usé ou devenu inutile en raison d'une déchirure soudaine. Cette — sa mort physique — n'est maintenant qu'un fait important, pour ainsi dire, pour ceux qui ont vécu avec lui, dont les perceptions sont encore limitées au monde des sens. Pour eux, l'étudiant occulte "meurt", mais pour lui-même, rien d'important dans tout son environnement n'est changé. Le monde supraphysique entier dans lequel il entre lui était déjà ouvert avant la mort, et c'est le même monde qui, après la mort, se présente à lui.

Maintenant, le Gardien du Seuil est également connecté à d'autres sujets. L'individu appartient à une famille, à une nation, à une race. Ses actes dans ce monde dépendent de sa relation avec cette unité plus grande. Son caractère individuel est également lié à cela. Les actes conscients d'une seule personne ne sont en aucun cas la somme de tout ce avec quoi il doit compter en ce qui concerne sa famille, sa lignée, sa nation et sa race. Il y a un destin, comme il y a un caractère, appartenant à la famille ou à la race ou à la nation. Pour la personne qui est limitée à ses sens, ces choses restent des idées générales, et le penseur matérialiste regardera avec mépris le scientifique occulte lorsqu'il entendra que pour ce dernier, le caractère familial ou national, la destinée linéale ou raciale, devient aussi une réalité aussi réelle qu'une personnalité produite par le caractère et la destinée de l'individu. L'occultiste découvre des mondes supérieurs dans lesquels les personnalités séparées sont discernées comme des membres, comme les bras, les jambes et la tête d'un individu ; et dans la vie d'une famille, d'une nation ou d'une race, il voit à l'œuvre non seulement les individus séparés, mais aussi les âmes très réelles de la famille, de la nation ou de la race. En effet, dans un certain sens, les individus séparés ne sont que les organes exécutifs de cet esprit familial ou racial. En vérité, on peut dire que l'âme d'une nation, par exemple, se sert d'un individu appartenant à cette nation, pour l'exécution de certains actes. L'âme nationale ne descend pas dans la réalité sensible.

Elle habite dans des mondes supérieurs, et pour travailler dans le monde physique, elle utilise les organes physiques d'une personne particulière. Dans un sens supérieur, c'est comme lorsqu'un architecte se sert d'un ouvrier pour exécuter les détails d'un bâtiment. Chaque personne reçoit son travail attribué, au sens le plus vrai du terme, par l'âme de la famille, de la nation ou de la race. Maintenant, la personne ordinaire n'est nullement initiée dans le schéma supérieur de son travail. Elle travaille inconsciemment vers le but de la nation ou de la race. À partir du moment où l'étudiant occulte rencontre le Gardien du Seuil, il doit non seulement discerner ses propres tâches en tant que personnalité, mais doit également travailler consciemment sur celles de sa nation ou de sa race. Chaque extension de son horizon implique une extension de ses devoirs. En fait, l'étudiant occulte rejoint un nouveau Corps à ces véhicules plus fins de son âme. Il revêt un autre vêtement. Jusqu'à présent, il a traversé le monde avec ces revêtements qui habillaient sa personnalité. Ce qu'il doit accomplir pour sa communauté, sa nation ou sa race est géré par les esprits supérieurs qui utilisent sa personnalité.

Une révélation supplémentaire qui lui est maintenant faite par le Gardien est que désormais ces esprits se retireront de lui. Il doit se dégager complètement de cette union. Maintenant, s'il ne développait pas en lui-même ces pouvoirs qui appartiennent aux esprits nationaux ou raciaux, il se durcirait complètement en tant que créature séparée et se précipiterait vers sa propre destruction. Sans aucun doute, il y a beaucoup de gens qui diraient : "Oh ! Je me suis entièrement libéré de toutes les connections linéales ou raciales ; je veux seulement être un homme et rien d'autre." À ceux-ci, il faut répondre : "Qui, alors, vous a conduit à cette liberté ? N'était-ce pas votre famille qui vous a donné cette position dans le monde où vous vous tenez maintenant ? N'était-ce pas votre ascendance, votre nation, votre race, qui vous ont fait ce que vous êtes ? Ils t'ont élevé ; et si tu es maintenant exalté au-dessus de tous les préjugés, si tu es l'un des porteurs de lumière et bienfaiteurs de ton Clan, ou même de ta race, tu le dois à leur éducation. En effet, lorsque tu te considères toi-même comme rien en tant que personne, tu dois cela même au sentiment de ta communauté." Seul l'étudiant occulte apprend ce que cela signifie d'être coupé complètement de l'esprit familial, du Clan, ou de l'esprit racial. Il se rend seul compte de l'insignifiance de toute cette éducation par rapport à la vie qui lui fait maintenant face, car tout ce qui s'est rassemblé autour de lui tombe complètement lorsque les fils qui lient la volonté, les pensées et les sentiments sont rompus. Il regarde tous les événements de son éducation précédente comme on doit regarder une maison dont les pierres se sont désagrégées en morceaux et qu'il faut donc reconstruire dans une nouvelle forme.

C'est plus qu'une simple figure de style que de dire qu'après que le Gardien du Seuil a prononcé ses premières communications, un grand tourbillon se lève du lieu où il se tient, qui éteint toutes ces lumières de l'esprit qui avaient jusqu'alors illuminé le chemin de la vie. En même temps, une noirceur totale engloutit l'étudiant. Elle n'est que peu brisée par les rayons qui jaillissent du Gardien du Seuil, et hors de cette obscurité résonnent ses dernières admonestations : — "Ne franchis pas mon seuil avant d'être assuré que tu peux illuminer toi-même l'obscurité : ne fais pas un seul pas en avant à moins d'être certain d'avoir suffisamment d'huile dans ta lampe. Les lampes des guides que tu as suivis jusqu'à présent seront maintenant absentes." Après ces mots, l'étudiant doit se retourner et diriger son regard en arrière. Le Gardien du Seuil écarte maintenant un voile qui auparavant cachait de profonds secrets. Les esprits linéaux, nationaux, raciaux sont révélés dans leur réalité complète, et l'étudiant voit maintenant clairement comment il a été guidé jusqu'ici, mais il lui vient aussi à l'esprit qu'à partir de maintenant, il n'aura plus de tels guides. C'est un second avertissement reçu au seuil de son gardien.

Personne ne peut atteindre cette vision sans préparation ; mais l'entraînement supérieur, qui permet généralement à une personne de presser jusqu'au seuil, la met simultanément en mesure de trouver au bon moment le pouvoir nécessaire. En effet, cet entraînement est d'une telle harmonie que l'entrée dans la nouvelle vie peut perdre son caractère excitant et tumultueux. L'expérience au seuil est, pour l'étudiant occulte, accompagnée d'un pressentiment de cette béatitude qui doit former la note dominante de sa vie nouvellement éveillée. La sensation d'une nouvelle liberté l'emportera sur tous les autres sentiments ; et avec cette sensation, les nouveaux devoirs et les nouvelles responsabilités sembleront quelque chose qui doit nécessairement être entrepris par une personne à un stade particulier de sa vie.

VII. LE DEUXIÈME GARDIEN DU SEUIL

Il a déjà été démontré combien il est important pour l'individu de rencontrer le prétendu Petit Gardien du Seuil, car il devient alors conscient d'un être supraphysique qu'il a lui-même créé. Le Corps de cet être est construit à partir des résultats - jusqu'alors imperceptibles pour lui - de ses actions, sentiments et pensées. Ce sont ces forces invisibles qui sont devenues la cause de son destin et de son caractère. Il est alors clair pour l'individu que dans le passé, il a lui-même posé les plans du présent. Sa nature se révèle maintenant, dans une certaine mesure, devant lui. Par exemple, elle comprend des inclinations et des habitudes particulières. Il peut maintenant comprendre pourquoi il les a. Il a rencontré certains coups du destin ; il sait maintenant d'où ils viennent. Il comprend pourquoi il aime ceci et déteste cela ; pourquoi il est rendu heureux par ceci et malheureux par cela. Grâce aux causes invisibles, la vie visible devient compréhensible. Les faits essentiels de la vie, tels que la maladie et la santé, la mort et la naissance, se dévoilent également à son regard. Il observe comment il avait tissé avant sa naissance les causes qui ont rendu nécessaire son retour à la vie. Dès lors, il sait que ce qui est en lui, construit dans le monde visible d'une manière imparfaite, ne peut être amené à la perfection que dans le même monde visible ; car dans aucun autre monde n'existe la possibilité de travailler à l'édification de cet être. Au-delà de cela, il voit comment la mort ne peut pas le séparer de manière durable de ce monde. Car il devrait se dire "Une fois je suis venu pour la première fois dans ce monde parce que j'étais un être qui avait besoin de la vie ici vécue pour évoluer ces attributs qui ne pouvaient pas être développés dans un autre monde. Ici dois-je rester jusqu'à ce que j'aie évolué en moi-même tout ce qui peut être atteint ici. Je ne deviendrai que, à quelque moment lointain, un travailleur apte dans un autre monde si j'ai développé dans le monde phénoménal toutes les qualités qui lui appartiennent."

Parmi les expériences les plus importantes de l'initié, il y a celle qui se produit lorsqu'il apprend d'abord à connaître et à apprécier le monde visible à sa juste valeur ; et cette connaissance lui vient de son propre regard sur le monde supraphysique. Celui qui ne peut pas voir là-bas et qui imagine donc que les mondes supraphysiques sont infiniment plus précieux, est susceptible de sous-estimer la valeur du monde phénoménal. Celui, cependant, qui a eu cet aperçu des mondes supraphysiques sait alors que sans ses expériences dans le visible, il serait totalement impuissant dans l'invisible. S'il veut vraiment vivre dans ce dernier, il doit posséder les facultés et les instruments pour cette vie, et ceux-ci ne peuvent être acquis que dans le monde visible. Il doit atteindre la vision spirituelle si le monde invisible doit lui devenir perceptible ; mais ce pouvoir de vision dans un monde "supérieur" est progressivement développé à travers les expériences du "inférieur". On ne peut pas plus naître dans un monde spirituel avec des yeux spirituels si on ne les a pas déjà préparés dans le monde des sens, que l'enfant pourrait naître avec des yeux physiques s'ils n'avaient pas déjà été formés dans le ventre de la mère.

De ce point de vue, il sera également évident pourquoi le "seuil" du monde supraphysique est gardé par un "Gardien". En aucun cas, une véritable vision de cette sphère ne peut être accordée à une personne qui n'a pas encore acquis les facultés nécessaires.

Pour cette raison, à chaque mort, un voile est tiré sur les réalités de l'autre monde lorsqu'une personne y entre alors qu'elle est encore incapable d'y travailler. Il ne devrait les contempler que lorsqu'il est mûr pour cela.

Lorsque l'étudiant occulte entre dans le monde supraphysique, la vie prend un sens tout à fait nouveau pour lui, car dans le monde des sens, il discerne le terreau d'un monde supérieur ; de telle sorte que dans un certain sens, ce "supérieur" semblera très imparfait sans "inférieur". Deux perspectives s'ouvrent à lui : la première vers le Passé ; la seconde vers l'Avenir.

Il regarde vers un passé où ce monde visible n'était pas. Il y a longtemps qu'il a dépassé l'idée que le monde supraphysique s'était développé à partir du monde des sens. Il sait bien que le supraphysique était le premier, et que tout ce qui est phénoménal en a été évolué. Il voit comment lui-même, avant de venir pour la première fois dans ce monde phénoménal, appartenait à un monde supérieur aux sens. Pourtant, ce monde supraphysique primitif avait besoin de passer par le physique. Sans un tel passage, son évolution ultérieure n'aurait pas été possible. Seulement lorsque les êtres du monde phénoménal ont développé en eux-mêmes les facultés qui correspondent à ce monde, les êtres suprasensibles peuvent à nouveau progresser. Ces êtres ne sont autres que des hommes et des femmes. Ils sont apparus, tels qu'ils vivent maintenant, à partir d'un stade imparfait de l'existence spirituelle, et doivent dans leur propre nature intérieure en achever l'accomplissement, par lequel ils seront alors aptes à poursuivre leur travail dans le monde supérieur. Ainsi commence la perspective de l'avenir. Il pointe vers un stade supérieur dans le monde suprasensible. En celui-ci apparaîtront les fruits qui ont mûri dans le monde des sens. Ce dernier, en tant que tel, sera remplacé, mais ses expériences seront incorporées dans une sphère supérieure.

Ainsi est révélée la raison d'être de la maladie et de la mort dans le monde des sens. La mort n'est rien d'autre qu'un signe que l'ancien monde supraphysique était arrivé à un point où il ne pouvait plus progresser par lui-même. Il aurait nécessairement dû subir une mort universelle s'il n'avait pas reçu un nouvel élan de vie, et la nouvelle vie est ainsi descendue pour combattre la mort universelle. Des restes d'un monde en décomposition et froid, fleurit la graine d'un nouveau monde. C'est pourquoi nous avons la mort et la vie dans le monde. Les choses passent lentement les unes dans les autres. La portion en décomposition de l'ancien monde adhère encore aux graines de la nouvelle vie, qui ont en effet germé à partir de là. L'expression la plus complète de cela peut être trouvée chez les êtres humains. L'homme porte comme un couvercle ce qu'il a rassemblé autour de lui dans l'ancien monde, et c'est à l'intérieur de ce couvercle que se forme le germe de cet être qui aura dans le futur la vie. Il est donc d'une double nature, mortel et immortel. Dans son état final, il est mortel ; dans son état initial immortel ; mais c'est seulement dans ce monde double, qui trouve son expression dans le physique, qu'il peut acquérir les facultés qui le conduiront au monde impérissable.

En effet, sa tâche consiste précisément à tirer du mortel les fruits de l'immortel. S'il jette un coup d'œil sur sa propre nature, qu'il a lui-même formée dans le passé, il ne peut que dire : "J'ai en moi les éléments d'un monde en décomposition. Ils travaillent en moi, et ce n'est que peu à peu que je peux briser leur pouvoir au moyen des éléments immortels nouvellement créés." Ainsi l'homme va-t-il de la mort à la vie. Il applique à la vie ce qu'il apprend par la mort. S'il pouvait parler en pleine conscience de lui-même à l'heure de sa mort, il pourrait dire : "La mort est mon enseignante. Le fait que je meurs est le résultat de tout le passé dans lequel je suis empêtré. Pourtant, le sol de la mort a mûri en moi la graine de ce qui est immortel. C'est cela que j'emporte dans un autre monde. S'il s'agissait seulement du passé, je ne serais pas né. À la naissance, la vie du passé est close. La vie dans le monde des sens est sauvée d'une mort dévorante par le nouveau germe de vie à l'intérieur. Le temps entre la naissance et la mort n'est qu'une expression de tout ce que la nouvelle vie a pu sauver du passé en décomposition ; et la maladie n'est rien d'autre que l'effet de cette portion du passé qui décline."

Dans tout ce qui a été dit ici, nous trouvons une réponse à la question : "Pourquoi est-ce que seulement peu à peu et à travers l'erreur et l'imperfection l'homme peut-il se frayer un chemin vers le bien et le vrai ?" Au début, ses actions, sentiments et pensées sont sous la domination du périssable et du mortel. De cela sont formés ses organes physiques, et donc ces organes, et les forces qui agissent sur eux, sont consacrés au périssable. Les instincts, impulsions et passions, ou les organes qui leur appartiennent, ne manifestent pas eux-mêmes l'impérissable, mais plutôt ce qui émerge du travail de ces organes devient impérissable. Ce n'est que lorsque l'homme aura travaillé hors du périssable tout ce qui doit être travaillé, qu'il se débarrassera de ces principes à partir desquels il a grandi et qui trouvent leur expression dans le monde physiquement perceptible.

Ainsi, le premier Gardien du Seuil se tient comme la réplique de l'individu dans sa double nature, où se mêlent le périssable et l'impérissable ; et il lui est alors clair combien il lui manque avant de pouvoir atteindre la forme sublime de lumière qui peut une fois de plus habiter le monde spirituel pur.

Le degré dans lequel il est empêtré dans la nature sensible physique sera montré à l'étudiant par le Gardien du Seuil. Cet enchevêtrement se manifeste par l'existence d'instincts, d'impulsions, d'appétits, de désirs égoïstes, toutes formes d'égoïsme, et ainsi de suite. Il se manifeste également dans la connexion avec une race, une nation, et ainsi de suite ; car les nations et les races ne sont que tant de stades évolutifs différents jusqu'à l'humanité pure idéale. Une race ou une nation se tient d'autant plus haut que plus complètement elle donne expression à son appartenance au type d'humanité pure et idéale, plus elle a travaillé à travers le physique et le périssable vers le supraphysique et l'impérissable. L'évolution de l'individu par le biais de la réincarnation dans des formes nationales et raciales toujours plus élevées est donc un processus de libération. En fin de compte, l'individu apparaîtra dans sa perfection harmonieuse. De même, le pèlerinage à travers des conceptions morales et religieuses toujours plus pures est un processus de perfection. Chaque étape morale, par exemple, conserve encore, à côté du germe idéaliste du futur, une passion pour le périssable.

Maintenant, chez le Gardien du Seuil, décrit ci-dessus, seulement le résultat du temps écoulé est manifesté, et dans le germe du futur il n'y a que ce qui a été entrelacé avec lui dans ce temps révolu. Pourtant, il appartient à l'individu d'apporter dans le monde supraphysique du futur tout ce qu'il peut tirer du monde des sens. S'il ne devait apporter que ce qui, venant du passé, est mêlé à son homologue, il n'aurait que partiellement accompli sa tâche terrestre. Par conséquent, après un certain temps, le Gardien du Seuil supérieur se joint au moindre. La rencontre avec le second Gardien sera de nouveau décrite sous forme narrative.

Lorsque l'individu a reconnu toutes ces qualités dont il doit se libérer, son chemin est arrêté par une forme sublime et lumineuse, dont la beauté est tout à fait impossible à décrire en langage humain. Cette rencontre se produit lorsque les organes de la pensée, du sentiment et de la volonté se sont tellement détachés, même dans leurs connexions physiques, que la régulation de leurs relations réciproques n'est plus gérée par eux-mêmes, mais par la conscience supérieure, qui s'est désormais entièrement séparée des conditions physiques. Les organes de la pensée, du sentiment et de la volonté sont alors devenus des instruments sous le pouvoir de l'âme humaine, qui exerce son pouvoir de contrôle sur eux depuis des régions supraphysiques. L'âme, ainsi libérée de tout lien avec les sens, est maintenant rencontrée par le deuxième Gardien du Seuil, qui lui adresse la parole comme suit :

"Tu t'es libéré du monde des sens. Tu as gagné le droit de t'établir dans le monde supraphysique. De là, tu peux maintenant travailler. Pour ta part, tu n'as plus besoin de ton incarnation physique. Si tu veux acquérir les facultés permettant de demeurer dans ce monde supérieur, tu n'as plus besoin de retourner au monde des sens. Maintenant, regarde-moi ! Vois ! comme je me tiens immensément sublime, au-dessus de tout ce que tu as actuellement développé de toi-même ! Tu es arrivé au stade actuel de ton progrès vers la perfection grâce aux facultés que tu as pu développer dans le monde des sens tant que tu y étais encore confiné. Mais maintenant, une période doit commencer pendant laquelle tes pouvoirs libérés peuvent agir encore davantage sur le monde des sens. Jusqu'à présent, tu ne t'es libéré que toi-même, mais maintenant tu peux partir en libérateur de tous tes semblables. En tant qu'individu, tu as lutté jusqu'à aujourd'hui, mais maintenant tu dois t'associer à l'ensemble, afin que tu ne puisses pas seulement t'apporter toi-même dans le monde supraphysique, mais également tout le reste qui existe dans le monde des phénomènes. Il te sera ouvert de t'unir à ma forme, mais je ne peux être béni tant qu'il reste quelqu'un non racheté !

En tant qu'homme libéré à part entière, tu aimerais entrer immédiatement dans le royaume du supraphysique, mais alors tu serais contraint de regarder encore les créatures non libérées dans le monde des sens, et tu aurais séparé ton destin du leur. Pourtant, toi et eux êtes tous liés les uns aux autres. Il est nécessaire que vous tous descendiez dans le monde des sens afin que vous puissiez en retirer les pouvoirs nécessaires pour un monde supérieur. Si tu te séparais de tes semblables, tu

L'INITIATION

aurais abusé des pouvoirs que tu n'aurais pu développer qu'en commun avec eux. S'ils n'étaient pas descendus, la descente t'aurait été impossible ; sans eux, tu aurais manqué des pouvoirs qui composent ton existence supraphysique. Ces pouvoirs pour lesquels tu as lutté avec tes semblables, tu dois maintenant les partager de la même manière avec eux. Tant que tu ne parviendras pas à appliquer chacun de tes pouvoirs acquis à la libération de tes compagnons, j'entraverai ton entrée dans les régions les plus élevées du monde supraphysique. Avec ces pouvoirs que tu as déjà remportés, tu peux rester dans les régions inférieures de ce monde ; mais devant les portes des régions supérieures, je me tiens comme l'un des chérubins avec une épée flamboyante devant le Paradis, pour empêcher ton entrée tant que tu as des pouvoirs qui restent inappliqués au monde des sens. Si tu refuses d'appliquer tes pouvoirs de cette manière, d'autres viendront qui le feront ; et alors un monde supraphysique élevé recevra tous les fruits du monde des sens, mais à toi sera refusé le sol même dans lequel tu étais enraciné. Le monde ennoblir ne se développera que sans toi, et tu en seras exclu. Alors ton chemin sera le chemin noir, tandis que ceux dont tu t'étais séparé avanceront sur le chemin blanc."

Ainsi parle le Gardien du Seuil supérieur peu après que la rencontre avec le premier gardien ait eu lieu. L'initié, cependant, sait exactement ce qui l'attend s'il suit les séductions d'un séjour prématuré dans le monde supraphysique. Une splendeur indescriptible émane du deuxième Gardien du Seuil ; l'union avec lui apparaît comme un idéal lointain à l'âme qui regarde, mais simultanément vient la certitude que cette union ne sera possible que si l'initié a appliqué, à la tâche de rédemption et de libération de ce monde, chaque pouvoir qui lui en est venu. S'il résout de répondre aux exigences de cette forme lumineuse, il devient l'un de ceux qui conduisent l'humanité à la liberté. Il apporte ses dons à l'autel de l'humanité. Mais s'il préfère son propre élévation prématurée dans le monde supraphysique, alors il sera submergé par le courant de l'évolution humaine. Après sa libération du monde des sens, il ne peut plus acquérir de nouveaux pouvoirs. S'il met son travail au service du monde, il doit renoncer à la perspective d'acquérir quoi que ce soit de plus pour lui-même.

On ne peut pas dire que l'individu choisirait naturellement le chemin blanc, lorsqu'il est ainsi appelé à prendre sa décision. Cela dépend entièrement de savoir s'il est, au moment de prendre sa décision, si exalté que aucun élan d'égoïsme ne ferait apparaître désirable les séductions d'une élévation personnelle prématurée. La décision doit être prise à l'instant même où l'initié est confronté au deuxième Gardien du Seuil. Ce qui détermine le résultat est ce qui a été fait dans le passé. Si l'individu est resté lié par ses anciennes connexions avec le monde physique, alors le deuxième Gardien du Seuil le reconnaît immédiatement. Mais si, au contraire, ses pouvoirs supérieurs ont déjà pris le dessus sur ses liens physiques, alors il percevra une lumière éclatante à travers laquelle il ressentira le pouvoir de la volonté supérieure, lui indiquant qu'il peut maintenant renoncer à la possession de tout ce qu'il a précédemment acquis pour lui-même. Toutefois, cela dépend entièrement du passé. Si l'individu a toujours tendu vers l'égoïsme, il ne sera pas libéré de ses liens dans ce monde des sens.

Dans la description donnée ici des rencontres avec le Gardien du Seuil, nous voyons, comme si dans un miroir, l'image des deux chemins, le blanc et le noir, de la future évolution humaine. Nous voyons comment il est possible pour l'individu de tomber sur le chemin noir, même après avoir atteint un certain niveau de libération. Ce n'est pas la vie future qui décide, mais celle qui a été vécue jusqu'à présent. Il n'y a pas de nécessité aveugle qui puisse faire prévaloir le bien contre le mal. Il n'y a que les conséquences du passé, qui elles-mêmes déterminent l'avenir. Nous voyons également que ce qui est nécessaire pour un monde plus élevé, ne peut être acquis que dans le monde inférieur. L'individu qui cherche à s'élever au-dessus de ce monde sans y avoir travaillé sera arrêté par le Gardien du Seuil. Ainsi, nous apprenons à connaître la manière dont l'individu doit se comporter dans le monde visible pour que son existence devienne un facteur de développement pour l'humanité entière.

Printed in France by Amazon
Brétigny-sur-Orge, FR

20584370R00107